○小红楼论学文丛

童庆炳 著

童庆炳谈文学观念

河南大学出版社

图书在版编目(CIP)数据

童庆炳谈文学观念/童庆炳著. 一开封:河南大学出版社, 2008.3

(小红楼论学文丛)

ISBN 978-7-81091-781-0

Ⅰ. 童… Ⅱ. 童… Ⅲ. 文学理论－研究 Ⅳ. I0

中国版本图书馆 CIP 数据核字(2008)第 021443 号

责任编辑	靳宇峰
责任校对	王 乐
封面设计	凤文传媒

出 版	河南大学出版社		
	地址:河南省开封市明伦街 85 号	邮编:475001	
	电话:0378-2825001(营销部)	网址:www.hupress.com	
排 版	郑州市今日文教印制有限公司		
印 刷	河南省诚和印制有限公司		
版 次	2008 年 3 月第 1 版	印 次	2008 年 3 月第 1 次印刷
开 本	890mm×1240mm 1/32	印 张	6.125
字 数	136 千字	插 页	1
定 价	12.00 元		

(本书如有印装质量问题,请与河南大学出版社营销部联系调换)

2008年作者于小红楼寓所

童庆炳,1936年生,福建连城人。北京师范大学教授、博士生导师,中国中外文艺理论学会副会长,中国作协理论批评委员会委员,教育部人文社科重点研究基地北京师范大学文艺学中心主任,长期从事文艺理论和美学的教学与研究。主要著作有《中国古代诗学与美学》(1992)、《文学概论》上下卷(1994)、《文学活动的审美维度》(2001)、《现代诗学十讲》(2005)等。其主编的《文学理论教程》(1992)获国家教学成果奖,多部专著获教育部人文社科著作奖。

目　录

小　引 …………………………………………………… (1)
第一章　文学观念的嬗变 ……………………………… (1)
　一、文学四要素和文学活动 ……………………………… (2)
　　（一）文学四要素 ………………………………………… (2)
　　（二）文学活动 …………………………………………… (6)
　二、历史上五种主要的文学观念 ………………………… (11)
　　（一）再现说 ……………………………………………… (11)
　　（二）表现说 ……………………………………………… (14)
　　（三）实用说 ……………………………………………… (16)
　　（四）客观说 ……………………………………………… (20)
　　（五）体验说 ……………………………………………… (22)
　三、文学观念嬗变的原因 ………………………………… (25)
　　（一）文学观念变化的时代原因 ………………………… (25)

（二）文学观念演变与文学自身的演变 …………………（33）
　四、文学的界说 ……………………………………………（35）
　　（一）文学的定义 …………………………………………（35）
　　（二）文学定义所包含的命题 ……………………………（36）

第二章　文学是人类的一种文化形态 …………………（39）
　一、文化概念以及文学的文化意义 ………………………（39）
　　（一）文化概念 ……………………………………………（39）
　　（二）文学的文化意义 ……………………………………（48）
　二、文学是文化的意义载体 ………………………………（56）
　　（一）文学作为文化意义载体 ……………………………（57）
　　（二）文学的文化意义的发现 ……………………………（65）
　　（三）文学与其他文化形态的互动关系 …………………（69）

第三章　文学是审美意识形态 …………………………（82）
　一、文学是一种社会意识形态 ……………………………（82）
　　（一）文学源于生活 ………………………………………（83）
　　（二）文学改造生活 ………………………………………（89）
　二、文学是人的一种审美活动 ……………………………（96）
　　（一）审美的含义及其实现的条件 ………………………（97）
　　（二）文学审美活动的特点 ………………………………（107）
　三、文学的审美意识形态性 ………………………………（112）
　　（一）审美意识形态的独立性 ……………………………（113）
　　（二）文学审美意识形态性的内涵 ………………………（114）

第四章　文学是作家体验的凝结 ………………………（129）

一、经验、体验与文学 …………………………………… (129)
　　（一）经验与体验 ………………………………………… (129)
　　（二）体验与文学 ………………………………………… (132)
　二、体验在文学活动中的美学功能 ……………………… (146)
　　（一）体验使艺术形象具有生气勃勃的活力 ………… (147)
　　（二）体验使艺术形象具有诗意的超越 ……………… (149)
第五章　文学是语言的艺术 ……………………………… (155)
　一、语言是文学的载体和对象 …………………………… (156)
　　（一）"语言论"的文学特性论的根据 ………………… (158)
　　（二）文学话语的"互义性" …………………………… (162)
　二、文学语言的深层特征 ………………………………… (170)
　　（一）文学语言的内指性 ………………………………… (170)
　　（二）文学语言的本初性 ………………………………… (173)
　　（三）文学语言的陌生化 ………………………………… (181)
最后的话 …………………………………………………… (190)

小　引

　　每一个热爱文学的人，每一个想了解文学的人，每一个学习文学理论的人，每一个想练习文学创作的人，都会自觉不自觉地追问：文学究竟是什么？但是正如有的学者所说的那样，与其追问文学是什么，还不如追问文学不是什么。因为文学的版图过分辽阔，文学所涉及的问题过分繁复，文学永远在发展着、变化着，所以文学是什么不是容易说得清楚的。从古到今，关于文学是什么，已经有许许多多的答案，但是没有一个答案是完全令人满意的。所以文学观念问题，是文学理论的第一个问题，也是最困难的问题。

　　这本小册子是我在新世纪初写的，它是在总结古今中外多种文学观念的基础上，对于文学是什么这个问题所作的一种综合性回答，结合文化的、美学的、社会学的、心理学的、语言的、艺术的视界，对文学所作出的一种新的界说。它的好处是所写的都建立在事实的基础上，而且深入浅出，不是什么高头讲章，便于为读者对历史上的文学观念有一个常识性的了解。

十分感谢河南大学出版社，使我的这本小册子能以新的面貌与读者见面。

童庆炳

2007年11月于北师大小红楼寓所

第一章 文学观念的嬗变

俄国著名作家高尔基小时候躲在一个阁楼上阅读一篇法国小说,他完全被那部小说迷住了,觉得这里一定有一种十分神秘的东西,他甚至把书页对着阳光,看看那里面是不是隐藏着什么魔法。在少年高尔基的心里,肯定提出了一个问题,文学究竟是什么?这个问题就是文学观念问题。

文学观念就是对文学的看法,是对"文学是什么"的回答。任何一种文学理论的出发点和归宿点,都存在于这样一个不知多少人探问过的问题中,即文学是什么?文学观念是随民族的不同而不同的,随着时代的发展而变化发展的。不同民族有不同的文学观念。不同的时代有不同的文学观念。不同的群体有不同的文学观念。不同的人由于观点的不同也会有不同的文学观念。因此我们可以说,文学观念属于历史的范畴,它是流动着的、变化着的,世界上没有一种文学观念是永恒不变的。本书将在清理和概括已有的几种比较重要文学观念的基础上,说明文学观念嬗变的原因,并提出我们对文学的看法,表达我们对文学的理解。

文学是一种广延性很强的事物,它涉及的面很宽阔。因此,我们任意变换一个视点,就会有一个新的文学观念。本书我们把文学理解为人的一种精神活动,并寻找一个必要的坐标,大致回顾历史上曾产生过的几种主要的文学观念,在此基础上,我们将提出我们的文学观念。

一、文学四要素和文学活动

自有文学之日起,文学是什么就成为人们反复探讨的问题,但这是一个不容易说清楚的问题。尽管"文学是什么"的问题不容易说清,但人们还是在不断地说。前人对此问题已"说"了许多,已有过许多解答。这些解答尽管可能是不完善的,但都有其一定的合理因素。所以我们今天想要给文学一个界说,不能不首先回顾一下文学观念演变的历史,并从中吸收合理的、仍有价值的部分。

我们这里所作的历史回顾,需要寻找到一个可以参照的坐标。

(一) 文学四要素

古今中外对人类的文学活动都进行过层次或因素分析。在现代,最具影响的可能是现代波兰现象学派美学家英伽登(Ingarden Roman,1893—1970)提出的作为作品存在的层次论。英伽登青年时期先后在波兰和德国攻读数学和哲学。他曾受教于德国现象派哲学创始人胡塞尔,长期在波兰的两所大学任教。他运用现象学的原理和方法,写了大量的文学和美学著作。他的主要著作有《文学艺术作品》(1931)、《论文学艺术作品的认识》(1936)、《艺术本体论研究》(1962)、《现象学美学》(1967)、《体验、艺术作品与价值》(1969)等。他在《文学的艺术作品》一书中认为作品的构成可以分为四个层面:语音层、意义单元层、再现的客体层、图式化的观相层。有时他还认为有的作品有第五层,即形而上学层面。这里对这五个层面作扼要的介绍:第一,语音层。英伽登认为文学作品的语音是意义的载体,十分重要。他所说的语音,不仅指字音,更重要是指词语排列而成的语音序列。例如"红杏枝头春意闹"这个句子,就是由多个词语结构而成的语音序列。此外句子与句子之间,也构成一个语音序列。这些语音序列一旦被读出来,就会有不同的快慢节奏、不同的韵律搭配等,并表示出不同的心情,如高兴、忧伤,等等。第二,意义单元层。英伽登认为这个层次是作品第三、第四层次赖以存在的基础,也是很重要的。意义单元是字音联系中形成的词语,以及词语语音联系中形成的句子。这里最重要之点是,"意义"层次是依赖于人的主观活动的,是意向性的。就是说,不能总是把词的意义看成是一成不变的东西,词语运用的场合不同,意义也跟着变化。例如"红杏枝头春意闹"中"闹"这个词,其意义是与这个句子联系在一起的,同时也是与我们对它的主观的解读联系在一起的,它已经变更了它的原始意义。第三,再现的客体层。再现的客体层是指通过词语在作品中显示出的事物,如作品中出现的人物、景物、场景、环境等,这些事物当然是作家虚构的,是一种想象的世界。它与现实世界的时间与空间那种实在性是完全不同的。例如,当作家让一个人物从甲地转移到乙地,并不需要把两地之间的真实距离显示给读者。介于两地的空间就成为一个"不定点"、"空白",需要由读者给予具体化。作品中的时间也是片断的,不像现实时间那样绵延不断,而片断的时间也同样成为"未定点"、"空白",等待读者去填充。第四,图式化观相层。由于作品中再现的客体都充满"未定点"、"空白",因此它是不确定的,甚至是无限的。这样一来,再现的客体未定点就构成一种图示化的框架,这种框架是观念性的,似乎是一个"大纲"。那么图式化的观相的具体化,就有赖于读者的阅读,读者在阅读过程中将他感知的具体观相内容填充进去。离开读者的这种对"未定点"、"空白"的填充,作品只是一种有限的文句和骨架化的东西。这就说明读者对作品具体化的作用应充分加以认识。第五,在一些作品中(不是全部作品)还有形而上层面,所谓"形而上"层次,主要指作品所蕴含的悲剧性、喜剧性、崇高、哲学意味等。

英伽登的作品层次说有其合理性,但由于它仅限于作品,没有包括整个文学活动的各个方面,所以又有局限性。我们认为真正意义上的文学是人类的一种精神活动,单有作品不能构成文学的完整的活动,文学的完整活动必须考虑到作家、生活、作品、读者及其这几个方面的联系。如果从这个角度看,那么美国现代学者艾布拉姆斯(M. H. Abrams)的广为流传的文学"四要素"理论就比较值得我们重视。美国学者艾布拉姆斯说:

> 每一件艺术品总要涉及四个要点,几乎所有的力求周密的

理论总会在大体上对这四个要素加以区别,使人一目了然。第一要素是作品,即艺术作品本身。由于作品是人为的产品,所以第二个共同要素便是生产者,即艺术家。第三,一般认为作品总得有一个直接或间接导源于现实事物的主题——总会涉及、表现、反映某种客观状况或者与此有关的东西。这第三个要素便可以认为是由人物和行动、思想和情感、物质和事件或者超越感觉的本质所构成,常常用"自然"这个通用的词来表示,我们却不妨换用一个含义更广的中性词——世界。最后一个要素是欣赏者,即听众、观众、读者。作品为他们而写,或至少会引起他们的关注。①

在这里,艾布拉姆斯认为文学活动包括了作品、作家、世界和读者四个要素。实在说,把文学活动分为四个要素并不是什么高深的理论,稍有文学常识的人都是可以理解的。他的主要贡献是把这四个要素按照他的理解联系起来。他把这种要素之间的联系画了一个示意图:

艾布拉姆斯的文学四要素理论并不复杂,但却把文学活动的要

---

① 艾布拉姆斯:《镜与灯——浪漫主义文论及批评传统》,北京大学出版社,1989年版,第5页。

素及其联系揭示得很清楚,一切文学作品都有源泉,这就是生活,即上图的"世界"。生活要经过作家的艺术加工改造,这样才能创造出具有意义的文本,这就是上图所示的"作品"。如果把作品束之高阁,不跟读者见面,也还不能构成完整的文学活动,所以读者也是文学活动中重要的一环。文学活动是以作品为中心所展开的活动,这就是艾布拉姆斯的关于文学"四要素"的见解。这种看法对我们是具有启示性的。

(二) 文学活动

艾布拉姆斯的"文学四要素"理论给我们最重要的理论启示,在于它把文学理解为以作品为中心所展开的活动。过去我们经常把单个的作品看成文学,也就是把置放于书架上的小说集、散文集、诗歌集、剧本集看成是文学。实际上这种看法是有问题的。这些"集子"严格地说只能称为"本文",是死的东西,还没有变成活的审美对象,还不是"作品"。只有在经过读者的阅读、理解和接受后,"本文"才在读者的头脑中化为栩栩如生的具有诗意的艺术形象,才成为审美对象,这才变成为"作品"。"作品"是经过读者阅读、体验、想象的对象。作品是与读者的参与创造分不开的。由此可见,文学按其本来形态说,是人类的一种多环节的精神活动。作家面对着客观的社会生活,有自己的所见所闻所感,甚至经历了生活中的甜酸苦辣,有了刻骨铭心的体验,心中才会有许多感受要抒发。这是一个曲折复杂的体验过程。有了体验之后作家才会拿起笔,对生活进行艺术的加工改造,进入文学创作的状态。文学创作本身又是一个曲折复杂的过程,要确定题材,要确定结构,要提炼主题,要打腹稿,做到"成竹在胸",最后才拿起笔,初稿完成后又要经过多次修改。作家经过这个曲折复杂的过程,终于写出"本文"来了。本文是一种无声的文字序列,可能是一个蕴含情感、意义和诗意的存在,但仅是一种"可能"而已。只有经过读者的阅读,又读进去了,在头脑中幻化出了各种人、事、景、物的形象,并有了自己的理解,本文中蕴含的情感、意义和诗意才会在读者的接受中得到实现。这接受的过程也是曲折复杂的过程。世界——作家——文本——读者这四个要素,其间包含了体验、创作、接受三个过程,这才构成完整的文学活动。

我们说文学是一种活动,不仅是在"文学四要素"和"三过程"的意义上说的,更重要的是在文学作为人的对象性活动上来理解的。人为什么能体验(或者说为什么能以生活为对象),为什么能创作(或者说为什么能以体验为对象),为什么能接受(或者说为什么能以潜在的审美对象为对象),根本在于"人的本质力量的确证"(马克思)。千万年的实践活动,使人成为人,成为具有人性心理的人。例如原始的人只有性的欲望和活动,如同一般动物一样。但是经过长期的社会实践活动,一点一点地改变自己,人最终使本能的性欲变成了同时具有精神品格的爱情。性欲还存在,但它已经"人化",被人的精神力量提升了。人与动物就这样区别开来。感觉成为人的感觉,人性心理终于成熟,人的意识终于觉醒。人具有了人的一切肉体的和精神的本质力量。如同马克思所说:人的"五官感觉的形成是以往全部世界史的产物"。① 在这种条件下,自然(包括外部的自然和人的自然)在人的意识、人性心理的主动作用下,终于可以成为人的对象。比如,在原始人那里,山水无所谓美不美,因为当时的人还不能用人的眼光去看它,无法将自己的感受和感情灌注到山水对象上去。或者说山水是外物而已,还没有成为当时人的对象。只有等到人性和人的意识觉醒以后,山水才成为对象,成为吟咏的对象,我们才会觉得山水的美,这才有了山水诗。可见,文学是一种人的对象性精神活动。人在文学活动中体现了人的意识、心理和一切本质力量,把自然当作人的对象,从而建立起了活动的机制。这样,文学作品中所描写的人物、景物等表面看是物理对象,实际上是情感对象。例如,唐代著名的诗人、散文家柳宗元的《至小丘西小石潭记》:

> 从小丘西行百二十步,隔篁竹(竹名),闻水声,如鸣珮环。心乐之,伐竹取道,下见小潭,水尤清冽。全石以为底,近岸,卷石底以出,为坻,为屿(坻、屿皆小洲),为嵁,为岩。青树翠蔓,蒙络摇缀,参差披拂。潭中鱼可百许头,皆若空游无所依。日光下澈,影布石上,怡然不动,俶尔远逝,往来翕忽,似与游者相乐。潭西南而望,斗折蛇行,明灭可见,其岸势犬牙差互,不可知其源。坐潭上,四面竹树环合,寂寥无人,凄神寒骨,悄怆幽邃。以其境过清,不可久居,乃记之而去。同游者:吴武陵、龚古、余弟宗玄。隶而从者,崔氏二小生:曰恕己,曰奉壹。

---

① 马克思:《1844年经济学哲学手稿》,人民出版社,1972年版,第79页。

表面看这是柳宗元对"小石潭"的客观摹写,这里所摹写的一切似乎就是"小石潭"的本然的存在,小石潭的位置,小石潭的山光水色,小石潭的凄清。其实不然,应该说,这里描写的"小石潭"的景色环境,无论是竹子、水声,无论是清水、游鱼,无论是日光、影子,无论是岩石、小洲,都经过柳宗元的诗人的眼光观照过、过滤过,渗入了他的情感。所以这已经不是自然物,而是"情感物",是人的意识活动的产物,人的精神的产物。柳宗元自己说过"美不自美,因人而彰",意思就是自然的山水景物本身无所谓美与不美,美是对人来说的。如果某个山水景物与人没有发生联系,与人的精神世界没有发生联系,那么它只是一个蛮荒世界的客观存在而已。就像柳宗元笔下的"小石潭",如果没有柳宗元等游人的发现,它就只是一个纯然的客观存在,是一处与人无关的山水存在,它对谁而美呢?只有柳宗元发现它之后,小石潭由物理环境变成了情感物,它的美才因人的观赏而彰显出来。"小石潭"的美是主体的意识活动的结果。这里包含了人对自然对象的感知、体验、理解等。这短短的一篇游记,可以说是人的整体精神活动的表征。可见人的本质力量与自然对象之间,在人性心理的作用下,建立了一种关系,这种关系的建立之日,也就是人的对象性精神活动展开之时。我们说文学是人的一种对象性的精神活动,就在于在文学创作和文学活动中,作家把外部自然和人的自然作为自己本质力量的确证,从而把文学变成人的精神活动过程。在这里我们必须严格区别客观存在与审美对象,当客观存在只是一种纯然的存在时,并不能为我的感觉所掌握,那就还不能成为我的对象,既然存在还不能成为我的对象,我与存在的关系也就还不能建立,那

么文学活动也就还不能形成。马克思在《1844年经济学哲学手稿》中说:

> 从主体方面来看:只有音乐才能激起人的音乐感;对于不辨音律的耳朵说来,最美的音乐也毫无意义,音乐对它说来不是对象,因为我的对象只能是我的本质力量的确证,从而,它只能像我的本质力量作为一种主体能力而自为地存在着那样对我来说存在着,因为对我来说任何一个对象的意义(它只是对那个与它相适应的感觉说来才有意义)都以我的感觉所能感知的程度为限。①

这里马克思就音乐的欣赏,对欣赏中的"存在"和"对象"作了有意义的区分。马克思的意思是,音乐演奏当然是存在,但这存在就必然是审美对象吗?(譬如贝多芬的交响乐对一位从未听过西洋音乐的边远山区的老农来说是审美对象吗?)马克思认为,这还不能肯定。按马克思的说法,一支乐曲(任何审美客体都如此)虽然是客观存在,但它不被人们所欣赏,或由于主体缺少音乐的耳朵而实际上没有欣赏,这时候,它对该主体来说,是毫无意义的,它不是对象,欣赏活动无法形成。因为,"我的对象只能是我的本质力量的确证",活动有待于主体与对象关系的建立。同样的道理,春天的景色是客观存在,但是如果"我"因为暂时无欣赏春天景色的愿望或"我"的欣赏能力有

---

① 马克思:《1844年经济学哲学手稿》,人民出版社,1972版,第3页。

限,"我"不能把握它的美,因此春天的景色还不能成为"我"的对象,"我"与"春天的景色"没有建立起诗意的联系,那么"我"不能欣赏它,更不能用语言描写它,于是文学活动也就无法形成。

文学四要素所形成的流动过程,其中必然包含人的本质力量的对象化,才能成为文学活动。换句话说,我们所说的文学活动,不仅是指"文学四要素"所形成的流程,更重要的是人与对象所建立的诗意关系,是人的本质力量的全部展开。我们理解文学是一种活动,必须包含这两层意思,而且后一层意思是更根本的。

二、历史上五种主要的文学观念

如果"文学四要素"的坐标可以成立的话,那么我们就能够从四要素的不同联系中,揭示出历史上五种主要的文学观念:再现说、表现说、实用说、客观说和体验说。

(一)再现说

在文学四要素中强调"世界"与"作品"的对应关系,即认为作品是对世界的摹仿或再现。在西方,最古老的"摹仿"说,也就是再现说。在公元前500年的古希腊时期伟大思想家赫拉克利特(Heracletus,约公元前530—470)就提出了"艺术摹仿自然"的论点,[①]从

---

① 赫拉克利特:《著作残篇》,见《欧美古典作家论现实主义和浪漫主义》一,中国社会科学出版社,1980年版,第7页。

而给古希腊文学和美学思想以很大的影响。稍后另一位古希腊思想家苏格拉底(Socrates,公元前469—390)也认为(一)"绘画是对所见之物的描绘",艺术以不同的媒介,准确地把自然再现出来。(二)他还认为这种描绘与再现,不仅是对事物外表的逼真摹拟,而且,还"应通过形式表现心理活动"。苏格拉底还说,诗人、艺术家"在塑造优美形象的时候,由于不易找到一个各方面都完美无瑕的人,你们就从许多人身上选取。把每个人最美的部分集中起来,从而创造出一个整个显得优美的形体。"① 应该说,在苏格拉底那里,摹仿说的形态已相当地完备。其后柏拉图提出"理式摹仿"说。柏拉图建立了一个世界图式,认为世界可以分为三种,第一种是"理式"世界,它是世界的本原,是最真实的;第二种是现实世界,现实世界是对理式世界的摹仿,它的真实性在理式世界之下,但在艺术世界之上;第三种是艺术世界,艺术世界是对现实世界的摹仿,它的真实性又比现实世界要差,它被柏拉图认为是"摹仿的摹仿"、"影子的影子"。他举例说,有三种床,理式的床,现实的床,艺术的床(即画家笔下的床)。理式的床是本原性的,是最真实的。现实的床则是对理式的床的摹仿,它的真实性比理式的床差一等,艺术的床则是对现实的床的摹仿,因而是"摹仿的摹仿"、"影子的影子",真实性就更差了。所以柏拉图曾在他的《理想国》一书中扬言,诗人迎合人性的低劣部分,如不加以改进,要把诗人从他的理想国中赶出去。亚里士多德是柏拉图的学生,他的

---

① 《苏格拉底回忆录》,见《欧美古典作家论现实主义和浪漫主义》一,中国社会科学出版社,1980年版,第10页。

"自然摹仿"说,否认理式世界的存在,认为现实世界就是本原的存在,现实世界是真实的,我们周围看到的一切、听见的一切都是真实的,艺术世界就是对于现实世界的摹仿。柏拉图与亚里士多德二人虽然有唯心与唯物之分,但他们却认定艺术是"摹仿",这一基本思想与苏格拉底的说法是一脉相承的。"摹仿"的文学观念统治西方两千年,直到18世纪末至19世纪初欧洲出现了浪漫主义的文学思潮,这种"摹仿"说才真正地被打破。

与西方的再现说相似相通的是中国古代的"度物象而取真"说。五代大画家荆浩在《笔记法》一书中说:"画者画物,度物象而取真"。这里的"物象"就是客观外物,"度"就是观察,"取真"则是"摹仿",并达到形神兼备。所以"度物象取真"就是通过外物进行摹仿。明代评论家叶昼也说:"世人先有《水浒传》一部,然后施耐庵、罗贯中借笔墨拈出。若夫姓某名某,不过劈空捏造,以实其事可。如世上先有淫妇人,然后以杨雄之妻、武松之嫂实之;世上先有马泊六,然后以王婆实之;世上先有家奴与主母通奸,然后以卢俊义之贾氏、李固实之;若管营,若差拨,若董超,若薛霸,若富安,若陆谦,情况逼真,笑语欲活,非世上先有是事,即文人面壁九年,呕血十石,亦何能至此哉!亦何能至此哉!此《水浒》之所以与天地相终始也与!"①这与"度物象取真"的思想十分近似。清代思想家叶燮也说:"文章者,所以表地天万物之情状也。"他还认为"尽天地万事万物之情状者,又莫如诗"。他说:"彼其山水云霞、人士男女、忧离欢乐等类而外,更有雷鸣风动、鸟啼

---

① 《〈水浒传〉一百回优劣》,见明容与堂刊一百回本《水浒传》。

虫吟、歌哭言笑,凡触于目,入于耳,会于心,宣之于口而为言,惟诗则然,其笼万有,析毫末而为有情者所不能遁。"①这可以视为"度物象取真"思想的具体说明和发展。当然我们必须看到,中国古代是一个诗歌大国,"抒情言志"的传统十分强大,"再现"的文学观念只是到了宋元以后,在戏曲和小说发展起来以后才被重视。因此这种"度物象取真"的观念在整个历史发展中并不占优势。如果我们进一步深入分析,那么我们还会发现由于中西文化历史语境不同,中西的"再现"说也是有很大差异的。

(二) 表现说

"表现"(expression)说在"文学四要素"中强调作品与作家的关系,即认为作品是作家情感的自然流露。西方的真正的表现说产生于19世纪初兴起的欧洲浪漫主义文学思潮中。英国诗人渥兹渥斯(1770—1850)在1800年发表的《〈抒情歌谣集〉序言》中第一次提出:"诗是强烈感情的自然流露。"②诗人柯尔律治(1772—1834)在文学观点上与他的朋友渥兹渥斯有分歧,但在文学观念上是一致的,他认为:"有一个特点是所有真正的诗人所共有的,就是他们写诗是出于内在的本质,不是由任何外界的东西所引起的。"③雪莱(1792—1822)在著名的《为诗辩护》一文中也指出:"诗是最快乐最良善的心

---

① 《原诗·内篇》。
② 《十九世纪英国诗人论诗》,人民文学出版社,1984年版,第22页。
③ 同上书,第111页。

灵中最快乐最良善的瞬间之记录。"①尽管这些诗人的论点有所不同,但其基本思想是相同的。这就是他们一致抛弃了文学是生活的摹仿的由外而内的观点,而认为文学特别是诗是作家、诗人思想感情的流露、倾吐和表现,而形象是诗人心灵的表征。表现说的基本倾向是:

(1)文学本质上是诗人、作家的内心世界的外化,是情感涌动时的创造,是主观感受、体验的产物。因此,一篇作品的本原和实质是诗人作家的属性和活动。文学创作的起因不是诗人、作家摹仿人类活动及其特征所获得的愉快,也不是为了打动欣赏者并使其获得教育的终极原因,真正的动因是诗人、作家内心的感情、愿望寻求表现的冲动。冲动的宣泄这才是创作的根源。"发乎内"是表现说的基本倾向。

(2)表现说也主张以外部现实作为对象。但诗并不存在对象本身,而存在于审视对象时的作家、诗人的"心境"或"心理状态"。当诗人描写一头狮子时,描绘狮子本身是虚,描写观看者的兴奋状态是实。所以在表现说的主张者看来,"是情感给予动作和情节以重要性,而不是动作和情感给予情感以重要性"②。诗也必须忠实,但不是忠实于对象,而是忠实于情感,忠实于诗人自我的和人类的情感。

(3)诗人可以描写平凡的事物,但要使事物以不平凡的色彩呈现出来。渥兹渥斯说:"这些诗的主要目的,是在选择日常生活里的

---

① 《十九世纪英国诗人论诗》,人民文学出版社,1984年版,第154页。
② 同上书,第7页。

事件和情节,自始至终竭力采用人们真正使用的语言来加以叙述或描写,同时在这些事件和情境上加上一种想象力的色彩,使日常的东西在不平常的状态下呈现在心灵的面前。"①柯尔律治也说过相似的话:"通过想象力变更事物的色彩而赋予事物新奇趣味的力量","给日常事物以新奇的魅力,通过唤起人对习惯的麻木性的注意,引导他去观察眼前世界的美丽和惊人的事物,以激起一种类似超自然的感觉"。② 因此强调想象力的充分发挥是表现说的一个特点。

从19世纪到20世纪,西方的表现说有许多变种,但由内而外的情感表现的基本观点始终未变。

与西方"表现"说可以比较的是中国"诗言志"说和"诗缘情"说。请注意,我这里说的只是"可以比较",实际上西方的表现说与中国的"诗言志"和"诗缘情"的文学观念有很大不同。中国的"言志"说和"缘情"说都要受儒家礼教的制约,功利性很强。所谓"发乎情,止乎礼义"的规定,使诗人并不能自由随意地抒发情感。

(三) 实用说

在文学四要素关系中,实用说强调作品为读者所利用的关系。一般而言,实用说认为文学是一种工具和手段。文学可以给人带来快感和娱乐,但是文学的根本目的是外在的。比较典型的实用说是中国古代的"教化"说("文以载道"说)和西方的"寓教于乐"说。

---

① 《十九世纪英国诗人论诗》,人民文学出版社,1984年版,第5页。
② 同上书,第62、63页。

中国古代有所谓的"教化"说。古代中国,儒家的思想作为封建统治阶级的理论,把"克己复礼"作为人的一切行动与活动的规范,因此在儒家的典籍以及受封建正统思想影响的理论家、作家的著作中,文学活动就被纳入到维护"礼义"的思想轨道。这样他们就把文学视为伦理、道德教化的工具。孔子的"兴、观、群、怨"的诗论,荀子提出的文章应"合先王,应顺礼义"的文章观和"美善相乐"的美学观,汉代《诗大序》的"经夫妇,成孝敬,厚人伦,美教化,移风俗"的文学观点,王充的"劝善惩恶"的观点,班固的"抒下情而通讽谕"、"宣上德而尽忠孝"的观点,曹丕的文章乃"经国之大业,不朽之盛事"的观点,刘勰的"道沿圣以垂文,圣因文而明道"以及"光采玄圣,炳耀仁孝"的观点,孔颖达的"诗者,论功颂德之歌,止僻防邪之训"的观点,杜甫的"致君尧舜上,再使风俗淳"的观点,白居易的"文章合为时而著,歌诗合为事而作"以及"上可裨教化"、"下可理性情"的观点,韩愈和柳宗元的"文以明道"的观点,柳冕的"文章本于教化,形于治乱,系于国风"的观点,周敦颐"文所以载道"的观点,曾巩的"文章得失系于治乱"的观点,朱熹的"道者文之根本,文者道之枝叶"的观点,一直到顾炎武的"明道"、"纪政事"、"察民隐"、"乐道人之善"的观点,尽管说法各不相同,但其实质都是把文学作为维护礼教的工具,因而都可归入实用说。中国古代封建社会长期在儒家思想的统治下,提倡和实行的是伦理中心主义。"君君、臣臣、父父、子子",成为人人必须遵守的生活准则。这种伦理中心主义就不能不渗透到意识形态的各个领域,作为意识形态之一的文学就不能不强调"教化"功能,这样一来,实用说就成为中国古代一种占主导倾向的文学观念。当然,中国古代的实用说是和"诗言志"说紧密结合在一起的。因为在儒家思想的控制下,"诗言志"说中的"志",与实用说所说的"道",尽管有情感与理智的区别,但从根本上说都以遵从儒家的"礼义"为旨趣。因此在中国古代文论发展史上,"言志"说和"教化"说双管齐下,并行不悖,构成中国古代文学观念的重要特色。

在西方,实用说也源远流长。古罗马时期贺拉斯在《诗艺》中提出的"寓教于乐,既劝谕读者,又使人喜爱,才能符合众望"[①]的观点,反映了贺拉斯对罗马国家和奥古斯都的忠诚,在"教"与"乐"这两者中,他把"教"作为目的、根本,把"乐"作为手段、工具,而他的所谓"教",即是教育人民遵守罗马的宫廷的道德规范。显然,贺拉斯的"寓教于乐",开了西方实用说之先河。在整个中世纪,神学统治一切,文学理论不过是神学中一个小小的分支,对待文学更是采取实用态度,把文学视为歌颂神明与圣徒的工具。14—16世纪文艺复兴时期,18世纪启蒙主义时期,那时的思想家都主张文学应与人性的解放、个性的解放、推动社会变革联系在一起。恩格斯说:"这是一次人类从来没有经历过的最伟大的、进步的变革。"但丁的《神曲》,薄伽丘的《十日谈》,莎士比亚的戏剧都是为这个变革服务的工具。所以培根说:文学"可以使人提高,可以使人向上"[②]。启蒙主义时期狄德罗则说:"任何一个民族总有些偏见有待抛弃,有些弊病有待革除,有些

---

① 贺拉斯:《诗艺》,见《诗学·诗艺》,人民文学出版社,1962年版,第155页。
② 培根:《学术的进展》,《西方文论选》上卷,上海译文出版社,1979年版,第248页。

可笑的事情有待排斥,并且需要适合于他们的戏剧。假使政府在准备修改某项法律或者取缔某项习俗的时候善于利用戏剧,那将是多么有效的移风易俗的手段啊!"①在古典主义时期,实用说的文学观念,也处于主导地位。因为像17世纪的法国,是王权统治达到了顶峰的时期,一切都要为王权服务,文学也不能例外。当然,这一时期的文学观念也讲真和美,但真和美必须为王权所推崇的"义理"所规范。古典主义理论家波瓦洛就明确提出:"首须爱义理:愿你的一切文章永远只凭着义理获得价值和光芒。"②为什么要如此强调"义理"呢?这就是要通过文学中的"义理"来规范读者的思想。

实用说的价值取向也不可一概而论,这里有消极和积极之分。大致说来,有的实用说,其目的是保守的,是为了让文学麻痹人的精神,阻止人民的反抗,维护现有的秩序或巩固已有的统治。如西方古典主义的"义理"说都属于这一类。他们提出文学的实用性,目的是为巩固他们的统治服务。如中国封建主义后期,封建统治已经成为压在人民头上的"大山",那些文人所喊的"文以载道",就是为维护封建统治的目的服务的。这类实用说不能不说是消极的。但还有另一类实用说,它的目的是为了促进人的解放,变革社会,推动社会前进。如西方14-16世纪文艺复兴时期文学改善人性的工具论,18世纪启蒙主义时期的文学手段论,以及后来列宁的文学是革命机器的"齿轮螺丝钉"论点,毛泽东的文学是"团结人民,教育人民,打击敌人,消

---

① 狄德罗:《论戏剧艺术》,《文艺理论译丛》1958年第2期,人民文学出版社,第135页。
② 波瓦洛:《诗的艺术》,人民文学出版社,1959年版,第5页。

灭敌人的武器"的论点等,都是在特殊时期特殊情境中对文学功能的革命性借用,这当然是合理的必要的。在这种特殊的语境中,实用说是积极的。例如,在抗日战争中,毛泽东发表了《在延安文艺座谈会上的讲话》,其中就提出文艺应作为"团结人民,教育人民,打击敌人,消灭敌人的武器"的观点,这在那个时代完全具有合理性。因为在那个危急的时刻,我们中华民族处在生死存亡的关头,一切力量都应该用在抗日上,文艺作为一种力量也应该用在抗日上。就像我们的嘴本来是用来吃饭的,但如果在抗日战争中,你在战场上与敌人遭遇,在肉搏战中,如果正好牙齿派得上用场的话,那么你用牙齿把敌人的耳朵咬下来也是完全可以的。正如文学的本性本来不是工具和武器,但在必要的时候,你用文艺作为武器与敌人作斗争,保卫民族的独立等,也是完全可以的。所以我们不能不加分析就认为"实用"说都是错的。

(四) 客观说

在文学四要素中,客观说把文本抬到高于一切重于一切的地步,认为文本一旦从作家的笔下诞生之后,就获得了完全客观的性质和独立的"身份",它既与原作家不相干,也与读者无涉,它从外界的参照物中孤立出来,本身是一个"自足体",出现了所谓的"客观化走向"。这种客观说最早与"为艺术的艺术"的思想相关,或者说是这种思想的一种成分。20世纪初叶开始,出现了种种文学形式论,认为文学是一种独特的语言建构。当然,文学不可能不与社会生活以及读者发生关系,客观说并不否认此种关系的存在,但认为文本与社会生活的关系,文本与读者的关系,都是文学性之外的关系,不在"文学性"之内,只有文本话语的结构关系,才是文学之内的关系,才具"文学性"。

客观说实际上是由20世纪初叶俄国形式主义学派首先提出的,其后由于英美"新批评"派、捷克和法国的文学结构主义、德国的文本主义批评在观念上大体一致,成为现代西方文论中影响最大的一个流派。俄国形式主义对文学的理解与再现说、表现说完全不同,他们认为文学不是社会生活的再现,因而不是社会学;文学也不是作家情感的流露,因而也不是心理学;文学也不是在读者中发生的作用,因而也不是伦理学;文学就是文学,文学仅仅是一种特殊的语言建构,是"对于普通语言的系统歪曲"(罗曼·雅各布逊语),或者说文学就是"艺术手法"。捷克文学结构主义的代表人物杨·穆卡洛夫斯基(什克洛夫斯基)看到了俄国形式主义的片面性,他提出的结构主义似乎要把传统的再现说、表现说与新兴起的作品本体说结合起来,提出"每一个文学事实都是两种力量——结构的内部运动和外部干涉的合力"[1],但他的整个立场与俄国形式主义是相似的。如他曾讲过"内容的要素在一定意义上具有形式的性质","新的句型和新的用词也能表示对现实的新态度。所以,节奏在诗歌中经常更新人评价世界的方法"。很明显,在他那里是形式决定内容,因此文学的本质还是由形式决定的。另外,托·斯·艾略特1928年的一句名言:"论

---

[1] 《什克洛夫斯基〈散文论〉捷译本序言》,见《世界艺术与美学》第七辑,文化艺术出版社版,1986年版,第35页。

诗,就必须从根本上把它看作诗,而不是别的东西"①,得到广泛认同,特别是对英美"新批评"派产生很大影响,尽管艾略特本人的批评远非如此。英美的新批评发挥了艾略特的论点,提出:"艺术品似乎是一种独特的可以认识的对象,它有特别的本体论的地位。它既不是实在的(物理的,像一尊雕像那样),也不是精神的(心理上的,像愉快或痛苦的经验那样),也不是理想的(像一个三角形那样)。它是一套存在于各种主观之间的理想观念的标准的体系。"②如果说文学活动是由世界-作家-作品-读者这四个环节构成的话,那么新批评派就把作品这个中间一环单独抽出来,作为独立存在。为此,就必须切割作品与作家、读者这两头的联系。这样,作品才成为完全客观的、可供解剖的"自足体"。而文学的本体也就只能从作品内部的形式构造去寻找了。

(五)体验说

读者体验说在文学四要素中强调读者对作品的意向性的体验这种关系,强调读者阅读作品时的感受和再创造。这派文论认为作家笔下的白纸黑字或是报刊发表出来的诗歌、小说等,只是"文本"(text),而"文本"有许多"未定点"和"空白",当它只是放在书架上的时候,它还是死的,还不能成为供读者观照的美学对象。"文本"一定要在读者阅读过程中,经过读者的体验和想象,并与作者构成对话关

---

① 参见《镜与灯》,第32页。
② 韦勒克、沃伦:《文学理论》,三联书店,1984年版,第164页。

系时，才能实现为美学对象，这才是真正的作品。所以在读者的阅读活动之外，在读者的意向性体验之外，就不存在文学。文学只存在于读者与文本的交流活动中。

读者体验说古已有之。如中国古代孟子就提出"以意逆志"说，意思是说文学的文本如何才能变成活生生的艺术形象呢？这就要读者在阅读文本的时候，根据文本所提供的文字符号，以自己之"意"，去推测作者之"志"，这里就有一个"逆"的过程，即从文本往作者那里"逆"向而动，通过体验和想象，把握住作者赋予文本的意义。又如法国著名诗人保尔·瓦莱里早就有"我诗歌中的意义是读者赋予的"的说法，重视读者在整个文学活动中所起的作用，认为读者对作品的体验、解释、理解是十分重要的。但真正成为一种正式的文论是后来的事情。西方现象学派的阅读理论是较早把作品理解为一种"意向性客体"的，这种客体不是实在的审美对象，它等待读者的"投射"。波兰现象派美学家英伽登认为，作品中有许多"不定点"，这些"不定点"使作品成为"待机存在状态"，必须经过"具体化"的阅读体验行为，才能使作品真正实现为作品。1960年代中期，当时，联邦德国几位志同道合的年轻学者又共同提出了"接受美学"的构想。接受美学作为一种新兴的文学理论有它的体系、范畴、概念、术语，不拟作全面介绍。在这里仅就接受美学的基本的文学观念作些述评。就文学的观念而言，接受美学的提倡者认为，文学并不是作家这个主体面对着世界这个客体的活动，而是作者与读者缔结的一种"对话"关系。不错，作家笔下的"文本"建立了某种"召唤结构"，但此种"召唤"有待读者的响应，才能构成对话关系。这种对话关系的建立之日，才是真正的

文学作品诞生之时,因此读者的体验对于蕴含美学对象的作品的产生具有举足轻重的作用。接受美学的创始人之一姚斯说:

> 文学作品并不是对于每一个时代的每一个观察者都以同一种面貌出现的自在的客体,并不是一座自言自语地宣告其超时代性质的纪念碑,而像一部乐谱,时刻等待着阅读活动中产生的、不断变化的反映。只有阅读活动才能将作品从死的语言材料中拯救出来,并赋予它现实生命。

又说:

> 在作家、作品和读者的三角关系中,后者并不是被动的因素,不是单纯的作出反应的环节,它本身便是一种创造历史的力量。文学作品的历史生命没有接受者能动的参与是不能想象的。①

根据这样的原理,他们提出了这样的文学观念:"文学的本质是它的人际交流性质,这种关系不能脱离其观察者而独立存在。"(姚斯语)。

以上我们把文学四要素作为参照的坐标,推衍出五种主要的文

---

① H.R.姚斯:《接受美学与接受理论》,辽宁人民出版社,1987年版,第24、26页。本文所引译文略有不同。

学观念。实际上历史上还有各种各样的文学观念。就上述五种文学观念而言,随着时代的变化,社会需要的不同,观察文学的观点也就不同,文学观念就随着发生变化。世界上没有一种文学观念是固定的、永远不变的。

三、文学观念嬗变的原因

在文学观念的发展变化中,情况是十分复杂的,可以说是犬牙交错的。但粗略地看,有一个从再现说到表现说,从表现说又到客观说,由客观说又演变到体验说的过程,怎样来解释文学观念变化的原因呢?

(一)文学观念变化的时代原因

中国和西方文学观念发展变化的事实说明,文学观念不是固定的、僵死的,可以永远定于一尊的。文学观念随着时代的变化而变化。中国六朝时期著名的文学理论家刘勰所著的《文心雕龙》,专门列了"时序"篇来讨论时代的变化如何推动文学的变化。他说:

> 时运交移,质文代变,古今情理,如可言乎!

意思是说,时代风气在交替着发生变化,推崇质朴或崇尚文采各个时代不同。古往今来作品情理的变化是可以解释的。他又说:

> 故知歌谣文理,与世推移,风动于上,而波震于下者。

其意是,歌谣的文采与情理,随着时代而变化,时代的政治等因素像风在上面吹动,而歌谣就像水波在下面震荡起来。所以刘勰总结说:

> 文变染乎世情,兴废系乎时序。①

刘勰的这些论述重点在说明时代的变化,包括政治治乱、社会风气、学术倾向等,推动着文学的变化。随着文学的变化,文学观念也随之变化。可以说,文学随着时代的变化而变化,文学观念则随着文学的变化而变化。如果打一个比方的话,那么可以说时代是"根"和"茎",文学是"花"和"叶",文学观念则是看花人对花和叶的"看法",因为每个人或每群人站的地位不同,观察点不同,因此所看到的也就不同,看法也就不一样。文学随时代的变化而变化这一论点是确定无疑的。

举例来说,再现说强调文学因素中世界这个因素,认为文学是对客观外物的摹仿、再现、复制、描绘、逼近。无论中外再现说都是最为古老的文学观念。在人类的童年时代,人作为主体还未得到充分的发展,在大自然这个客体面前,主体总是十分谨慎的、虔诚的,还没有超越客体、驾驭客体的奢望,更多的是想摹仿它、学习它,正如德谟克

---

① 以上三段引文均见刘勰《文心雕龙·时序》。

利特所说:"在许多重要的事情上,我们是摹仿禽兽,作禽兽的小学生的。从蜘蛛我们学会了织布和缝补,从燕子学会了造房子,从天鹅和黄莺等歌唱的鸟学会了歌唱。"[1]摹仿,特别是逼真的摹仿,给人以创造的快感。当人们能将外部世界的事物逼真地描画在岩壁上、泥土上、木板上、竹简上时,那就是了不起的艺术创造,其获得的快感异乎寻常。这样,处于童年时代的人类很自然地认定,艺术就是对客观事物的摹仿,摹仿得逼真不逼真是艺术性高低的标准。这样,摹仿说就成为一种最为古老的文学观念。

随着社会的发展,人类摆脱了童年时代,主体的能力充分地发展起来,于是表现说的文学观念出现了。表现说的出现和流行,从一定的意义上说,标志着人类心理的成熟。表现说的旨义在于不再把客体看得那么神圣,不认为摹仿是了不起的创造。相反,更加看重主体,确信主体有能力超越客体、驾驭客体,并认为从这种超越中才能获得真正的美感。这样一种观念,如果不是作为主体的人的本质力量相对的丰富与发展,是不可能提出来的。并且,表现说的产生(如在西方)是与社会的发展密切相关的。西方近代工业的发展,带来的是双重的后果,一方面,是财富的急剧增长,人的聪明才智的充分发挥,另一方面则是人与自然的分离加深,人的异化加重,社会问题丛生。作家和文学理论家对后一点特别敏感,他们对社会弊端进行批判,"返回自然"和"寻找自我"成为他们的追求。于是人类把自己的视野从外部世界转向自己的内心世界,并且终于发现:"比大海更宽

---

[1] 《西方文论选》上卷,上海译文出版社,1979年版,第4—5页。

阔的是天空,比天空更开阔的是人的心灵"(雨果语)。心灵作为内在"宇宙",是那样的辽阔、深远和神秘,这是一个无穷无尽的领地,一个变化莫测的看不见的精神空间。人的心灵是世界上所有的事物中最难认识的。人一旦觉悟到这一点,对看得见和感得到的东西已经不满足。在这种情况下,一般说就会对再现与表现失去兴趣,产生一种变态心理,于是幻觉、错觉成为一种经常出现的东西。幻觉、错觉的一个特点是以假为真,以真为假。人可以是甲壳虫、是蚊子、是仙鹤。这样,"表现"的极端发展,很自然会出现象征、变形、荒诞的艺术追求。

当然,问题并非如此简单。文学观念转换心理方面的原因必然渗透了社会时代变动的原因,人是社会关系的总和,社会的时代变动总要这样或那样折射到文学观念上来。譬如,在西方,从再现说到表现说的真正转折,是从19世纪的英国浪漫主义诗歌创作开始的。主要代表诗人是渥兹渥斯、柯尔律治、雪莱、拜伦、济慈等人。他们一反传统的再现说,主张"诗是强烈情感的自然流露。它起源于在平静中回忆起来的情感"(渥兹渥斯),"诗——或者说得更确切一点,一首诗——是一种以获得智力的乐趣为目的的作品,并以在兴奋状态中自然流露的语言来达到此目的"(柯尔律治),"诗可以解作'想象的表现'"(雪莱)。他们用他们大量的诗篇实践了他们的主张。当然,"这在人们称之所谓浪漫主义,甚而前浪漫主义的趣味之前,情感主义的观念就已流行。"①但从总体上看,到了19世纪英国这批浪漫主义诗人出现之后,文学的传统观念才有了真正的突破,即对摹仿说的真正的突破。在这个时期出现这种突破并非偶然,也非纯粹的诗人个人的心理因素影响的结果,这里有其深刻的社会根源。在英国,资本主义发展到19世纪初,已经显露出它对人的精神的束缚。在政治上,当时的英国资产阶级统治集团,是最反动的托利党政府。他们在压迫海外殖民地人民的同时,也用同样的办法来压迫本国人民。"压迫别人的倾向,被积极地归纳成了一套制度,并在英国历史上的这一时期表现得比任何其他时期更加显著"。②"富人压迫穷人,统治阶级又压迫其他一切阶级。在这个国家的三千万居民中,只有一百万人享有选举权。"③拿雪莱的话说,社会黑暗到连"一丝阳光也无法渗透过去"。在这种情势下,"对那些胸中仅仅微弱地燃烧着神圣火焰的作家来说,环境的影响往往使这种火焰很快熄灭","但对那些胸中的热情如同雷霆闪电、生就一副反抗时俗的作家来说,他们在这种环境的压迫下,反而发展了一种起思想解放作用的,使政治气氛受到震撼的文学力量"④。与此同时,英国的资本主义文明,在经过了17、18两个世纪的突飞猛进的发展之后,机器的隆隆声充满了世界,甚至连人也变成了机器的一部分,人的天然本性的失落成为了社会悲剧。

---

① 雷纳·韦勒克:《近代文学批评史》第一卷,上海译文出版社,1987年版,第142页。
② 勃兰兑斯:《十九世纪文学主流》(第四分册),人民文学出版社,1984年版,第20页。
③ 同上书,第20页。
④ 同上书,第20页。

丹麦著名文学史家格奥尔格·勃兰克斯在《十九世纪文学主流》一书中说:"渥兹渥斯的真正出发点,是认为城市生活及其烦嚣已经使人忘却自然,人也已经因此而受到惩罚;无尽无休的社会交往消磨了人的精力和才能,损害了人心感受纯朴印象的灵敏性。"[1]渥兹渥斯曾有一首十四行诗,鲜明而有力地表达了他的这一思想:

> 人世的负担过分沉重,起早赶晚,
> 收入支出,浪费着我们的才能,
> 在属于我们的自然界,我们竟一无所见,
> 啊,蝇营狗苟使我们舍弃了自己的性灵!
> 向月亮袒露胸怀的这浩瀚大海,
> 可以无休止地呼吼而此刻已经
> 消歇的风,正像熟睡的花一样自在,
> 对于这一切,我们却格格不入,
> 无动于衷。哦,上帝!我倒宁愿,
> 是陈腐的教条所哺育的异教徒,
> 那样就能伫立在这怡神的草地,
> 领略定能缓解我孤独感的美景,
> 看那普罗丢斯从海面上升起,(普罗丢斯为变幻无常的海神)

---

[1] 勃兰兑斯:《十九世纪文学主流》(第四分册),人民文学出版社,1984年版,第20页。

听老特里顿的海螺号角长鸣。(老特里顿为半人半鱼的海神)

政治的黑暗和人性的失落如同两枚炸弹,炸开了一群诗人的情感郁积的火山口,诗人的情感,如同那红红的岩浆喷涌而出。这也就是说,正是社会的特殊境况使主体意识真正觉醒并壮大起来,使创作主体不再把周围的现实看得那么神圣,不再想仅仅去摹仿它、复制它。相反,他们更珍惜自我心中涌动的感情,并力求在抒发这种感情中去寻找回似乎已经失去了的美好的世界。他们或者身处喧闹的机器旁,去抒发对静谧的田园风光的独特感受(渥兹渥斯、柯尔律治),或者是身处黑夜的压迫中去呼唤革命的曙光(雪莱、拜仑)。文学观念上的一次变革就这样应运而生。

从表现说演变为客观说,这种变化背后同样有着深刻的社会原因。随着社会的进一步发展,人与人的冲突、民族与民族的冲突、国家与国家的冲突频频发生,又因利益的纷争得不到解决,终于酿成涉及整个世界的战争,如第一次世界大战就在20世纪初叶爆发,战争带来的无穷的灾难和无尽的精神创伤,使文学家和文学理论家们开始厌倦政治、甚至厌倦社会生活。他们对文学的看法也就随之发生变化。他们企图剥离文学与政治、与社会生活的关系,认为文学就是文学本身、就是语言本身,文学是离开社会生活而独立的客观存在。客观说也就应运而生。如俄国形式主义者宣称:"艺术从来都是独立于生活之外的,在它的颜色中,从来未反映过城堡上空旗帜的颜色。"①在文学研究中专注于语言技巧的批评,成为他们的基本主张。在美国J.C.兰塞姆和他的一些学生所提出的"新批评"也同样有深刻的社会历史原因。"新批评家们原是第一次世界大战后陆续聚集于范德比尔特大学的一群人,主要有教师、学者兼诗人的约翰·克罗·兰塞姆和几位出类拔萃的学生:艾伦·泰特、罗伯特·潘·华伦、克林斯·布鲁克斯。他们起初是一个非正式的小组,在一起讨论文学。后来他们取名'逃亡者',并从1922年至1925年在纳什维尔出版了一个名为《逃亡者》的精美的文学刊物。"②正是这些企图避世的"逃亡者",成为美国新批评派的中坚力量。他们把文学视为一种独立的客体,主张对文学文本进行严密的分析解读。

但是,时代在发展,社会在变化。第二次世界大战之后,在西方资本主义国家,社会的生产诚然是发展了,物质丰富了,但社会弊病丛生,枪杀、抢劫、吸毒、卖淫、贫富悬殊、种族歧视、民族矛盾、局部战争,等等,酝酿着新的社会危机,人的存在的意义和价值等各种问题相继凸显出来。那种把文学看成是"自足"的封闭世界的客观说,醉心于词句和结构的枯燥分析,无法回答社会发展提出的新问题,无法适应时代的需要,不能满足读者的期望。特别是20世纪中叶以来西方信息技术的高度发展,人际的交流更为频繁,信息传播成为时尚,

---

① 什克洛夫斯基:《马步·乌利亚、乌利亚、玛尔西安娜》,译文载《苏联文学》杂志,1989年第2期,第57页。
② 威尔弗雷德·L.古尔灵等人著《文学批评方法手册》,春风文艺出版社,1988年版,第101页。

学科间的交流也不可避免,于是那种强调文学"独立性"的客观说,遭到了人们的质疑。因为它无法回答人们对文学的社会功能、社会效果所提出的问题。改变单一封闭的文本分析方法的要求成为时代的呼声,于是接受理论顺应时代的要求,向"客观说"提出了挑战。他们把文学理解为作者与读者的对话,认为离开读者的阅读和参与,真正鲜活的文学是不存在的。

总之,社会历史的变迁,时代的变化发展,是文学观念更替的根本原因。我们不能离开社会与时代的条件,来看待文学观念的变化。

(二) 文学观念演变与文学自身的演变

摹仿—表现—变形装饰这一文学观念发展趋势,展现了文学自身演变的规律。中外有些学者经过研究发现,人类的文学艺术总是走着这样一条路线:由再现到表现,由表现到装饰。当然,人类文学艺术这种演变规律并不是直线型的。由于受直接的、间接的社会生活变动和不同社会心理作用,其发展的路线和形态往往是极其复杂的,而在同一个时期,几种文学形态与观念并存的局面也是存在的。但就总趋势而言是由再现到表现,由表现到装饰。例如在人类的原始时代,文学艺术在其初始阶段多半是原始人巫术活动中的图腾、仪式,这些图腾、仪式,往往是原始人某种生活的再现和模拟,随着历史的发展,本来是再现性、模拟性很强的图腾、仪式"开始走样",逐渐成为一种写意式的、符号式的东西,再往后就"全走样了",变成了一些纯粹的抽象的线条、动作和图案了。

就原始时代的人们看来,从写实到写意,从写意到图案化,其内容并未消灭，可能是恰恰相反，原始图腾、仪式等符号的情感内涵加强了，拿有的学者的话来说，可以叫做内容积淀为形式。但后来的人们，由于他们不处在图腾崇拜的时代中，他们仅能识辨写实、写意的形式，已无法识辨图案化的形式所蕴含的内容。也就是说，就抽象的图案化形式而言，在后来的人们看来，仅是一种美观的装饰而已，是一种无内容的纯形式。一般地说，当一种艺术走到纯粹装饰之日，也正是它衰亡之时。此时，人们就会逐渐厌倦这种纯形式，而希望注入一种明确而富于诗意的具体内容，这时候，艺术又在一个新的层次上走"再现→表现→装饰"的路线。艺术的演变就沿着这条路线循环上升，不断地为人类所享用。就文学发展的历史来看，当写实抒情的文学达到高峰之后，随之而来的往往是形式主义文学的兴起。但形式主义盛行之后，就又会有人不满，以充满崭新的具体内容的新文学取而代之。中国文学的发展大体上也走着这样的路线，先秦的诗文是写实抒情的，是重内容的。孔子的"有德者必有言"、"辞达而已矣"的说法，似乎可以概括先秦时期的诗文重道德修养的具体内容和不强调形式的特征。而汉代和六朝的骈体文，就总体而言则一反先秦诗文的作风，内容空虚，一味堆砌词藻典故，所谓"饰其辞而遗其意"，形式主义倾向是很严重的。六朝的骈体文发展到极致，同时特别重视具有装饰性的音律，把形式主义发展到极端。但也正是这个时期又提出诗文创作的"风骨"问题，以复古为复兴的倾向也出现了。这个时期可以说是两种倾向的文学反复较量的时期。到唐代，初唐"四杰"，反对六朝绮靡的诗风。盛唐时期的诗歌既有"风"又有"骨"，把内在的美与外在的美结合起来，把中国古代的诗歌推到了高峰。白居易创作"新乐府"并提出和实践了"系于意,不系于文"的主张。韩愈则在散文方面起来造骈体文的反,他和柳宗元发动"古文运动",恢复先秦文的朴实,被誉为"文起八代之衰"。韩、柳的古文运动,淡化形式,充实内容,可以说是从汉魏六朝的重形式的"装饰"重新走向重内容的再现、表现。

在欧洲,文学演变的路线则更为清晰:18、19 世纪的现实主义、浪漫主义的文学,内容超越形式,而从 19 世纪末到 20 世纪初以来,形形色色的以反传统、重形式为特征的现代派文学则是从再现、表现过渡到装饰的证明。然而时至今日,抽象性、装饰性引起人们的反感,现代派文学又开始衰落,以高科技为依托的注重"复制"、"拼凑"和"逼真"的文学艺术,引起人们的兴趣。以上情况说明,文学观念的嬗变是与文学自身的矛盾发展运动过程密切相关的。

此外,文学观念的变化,还与人的观点的不同与变化有关。不同的社会团体、群体具有不同的观点,不同思想倾向的人也有不同的观点,同一个人在不同的时期的观点也可能会发生变化,这些观点的变化都会导致对文学的看法发生变化。所以文学观念的变化还跟观察研究者的观点有着密切的关系。

四、文学的界说

（一）文学的定义

尽管文学观念是变化发展的,不是固定不变的,但是文学观念毕竟是文学理论的首要问题,我们学习文学理论不能没有一个文学观念。如果我们没有自己的文学观念,那么我们就没有自己的考察文学的眼光,我们也就不可能深入文学这一广延性很强的事物的堂奥。我们认为,文学定义要具有综合性。所以我们关于文学的定义是:文学是人类的一种文化样式,是一种社会的审美意识形态,是一种语言艺术,它包孕着人的个体体验,它沟通人际的情感交流。如果用一句话加以概括的话,那么文学作为一种人类的文化样式,它是具有社会的审美意识形态性质的、凝聚着个体体验的、沟通人际情感的语言艺术。

(二) 文学定义所包含的命题

文学作为一种人类的文化样式,它是具有社会的审美意识形态性质的、凝聚着个体体验的、沟通人际的情感交流的语言艺术。这个文学观念包含了五个命题:1. 文学是一种文化样式;2. 文学是一种审美意识形态;3. 文学是作家个体的体验的凝聚;4. 文学是作者与读者沟通情感的一种独特渠道;5. 文学是一种语言艺术。可以说,我们这里提出的文学观念就是从文学要素分析与"视界融合"相结合的基础上推衍出来的。

从社会结构的角度看,文学是审美意识形态。按照马克思主义的观点,社会是由经济基础与上层建筑结构而成的。社会的上层建筑中,又分为制度与意识形态。意识形态又可以分成许多种类,例如哲学意识形态,道德意识形态,政治意识形态,法意识形态,审美意识形态。审美意识形态中就包含了文学审美意识形态。在这里我们强调了作品与社会生活的联系。

从作家的角度看,文学是作家个体的体验的凝结。文学是作家对生活的评价和情感的流露。没有深刻体验,也就不会有真实的评价和情感,没有真实的评价和情感的流溢,文学是没有生命力的。在这里,我们强调了作品与作者的关系,更具体地说是作者的深刻情感体验与作品的关系。

从读者角度看,文学是作者与读者情感沟通的渠道。读者在文学活动中,不是被动的接受者,而是积极参与创造的力量,作品中的"空白"和"不定点"都等待读者的填充。只有这样才可能实现读者与作者的情感沟通,艺术效果也才能显现出来。在这里,我们强调的是作品与读者的关系,更具体地说是读者对作品进行的再创造的关系。

从作品角度看,文学是语言的艺术。语言是文学作品的直接现实,没有语言和语言的结构也就没有文学。我们知道,人类最早的艺术是诗乐舞三位一体的,随着艺术的发展,才出现多种艺术形态。根据塑造艺术形象的材料和手段的不同,一般把艺术分为表演艺术(如音乐和舞蹈)、造型艺术(如绘画和雕塑)、综合艺术(如戏剧和电影)和语言艺术。语言艺术是指以语言为材料来塑造艺术形象的艺术,这就是文学。高尔基说:"语言把我们的一切印象、感情和思想固定下来,它是文学的基本材料。"[①]作家离开语言不能创造出艺术形象来,没有语言和独特的语言组织也就没有文学。这是显而易见的。

如果上面四个命题是从文学四要素及其关系引申出来,基本上

---

① 高尔基:《论文学·续集》,人民文学出版社,1979年版,第337页。

还属于文学的元素分析的话,那么我们说文学是一种文化形态,就是"视界融合"的结果。"视界融合"(Horizontverschmelzung)是一个阐释学术语,意思是说对同一个对象,人们理解的视界不是封闭的,而是开放的、不断生成的。理解者对对象理解的视界同历史上已有的视界相接触,形成了两个视界的交融为一,达到"视界融合"。我们这里借用这个术语,旨在说明对文学元素分析的视点应汇入更大的文化的视界中。仅仅把文学理解为"审美意识形态"、"作家个体的体验的凝结"、"作者与读者沟通情感的渠道"、"语言的艺术"还是不够的,我们还必须把上述视点和命题汇入到"文学是一种文化形态"的更大的视点和命题中。文化的视点看起来是一个"大而无当"的视点,但正如我们研究一个对象必须超越该对象一样,我们要考察地球,就必须把地球置于太阳系这个更宏阔的视界中去。我们要理解文学也要把文学放到文化这个更大的系统中。

上述命题我们这里只是粗略谈到,下面各章节将展开论述。文学是语言的艺术,它有独特的语言组织问题,关系到文学文本内部的结构的重要而细致的分析,因此我们除了在本书讨论文学是语言的艺术外,还需要有更详细的讨论。

第二章 文学是人类的一种文化形态

文学是人类的一种文化形态,这个观念是毫无疑问的,大家都能接受。但深入追问下去,就会发现仍然有许多问题。譬如,文化是什么,文学承载着什么文化意义,文学这种文化形态与其他文化形态有何关系等,就是本章要着重阐明的问题。

一、文化概念以及文学的文化意义

(一)文化概念

我们说文学是一种文化形态,那么首先要追问文化是什么。文化这个词大家都是熟悉的,但要把它说清楚不是容易的事情。这要从人与人之间的差别说起。人与人之间的差别一般都认为有"体质"和"灵魂"两项。人与人之间体质的差别现在已经可以用人类体质学的科学检测,作出准确的说明。譬如黄种人、黑种人和白种人在体形、血液、体内各种素质上的差别,属于生理上的差别,对于生物科学十分发达的今天,说明生物的这种差别的确不是难事。但是若要说明人与人之间"精神"上的差别,就关系到文化的差别了。假设有一对双胞胎兄弟,在其出生之初,一切都相似到极点,因为某种原因在出生后分养在中国和美国,那么长大后,这对同胞兄弟虽然在"体形"上还是十分相似,但"精神"上一定有了很大的差别。因为他们在不同的文化背景下生活,学习不同的语言,养成不同的习惯,形成不同的思想性格,学会了不同的情感表达方式,具有不同的艺术趣味,崇奉不同的信仰等等,这种差别就属于文化的差别了。所以文化是与形成人的不同精神状态的社会承传密切相关的。

但是究竟怎样来界说文化,目前的意见还异常分歧,据说对文化的界说多达160余种。不过较重要的有广义、狭义和符号学义三种。

1. 广义的文化概念

广义的文化概念是很多人主张的。英国19世纪人类学家泰勒的文化定义是广义的。他在《原始文化》(1871年)一书中说:

> 文化或文明,就其广泛的民族学意义来说,乃是包括知识、信仰、艺术、道德、法律、习俗和任何人作为一名社会成员而获得的能力和习惯在内的复合整体。①

---

① 爱德华·泰勒:《原始文化》,上海文艺出版社,1992年版,第1页。

这个意义上的文化概念最为流行。在西方文化开始于拉丁文 Cultuia,英文 Culture,文化原是"耕作"的意思。通过"耕作",人由动物变成了人。通过不同的"耕作",人变成了具有不同"精神"状态的人。英国著名的文学人类学家马林诺夫斯基（Bronnislaw Malinowski,1884—1942）也是从广义的视点来界说文化的,他说：

> 文化是指代那一群传统的器物,货品,技术,思想,习惯及价值而言的,这概念实包容着及调节着一切社会科学。我们亦将见,社会组织除非视作文化的一部分,实是无法了解的；一切对于人类活动,人类团集,及人类思想和信仰的个别专门研究,必会和文化的比较研究相衔接,而且得到相互的助益。①

马林诺夫斯基对文化的界说与泰勒的界说是一致的。马林诺夫斯基在同一部书中,还详细说明了"文化的各方面"：甲,物质设备；乙,精神方面的文化；丙,语言；丁,社会组织。各国多数学者都是在这个意义上来理解文化的。中国学者对文化的界说也多偏于这种广义的界说。如梁漱溟先生在《东西文化及其哲学》中说：

> 所谓一家文化不过是一个民族生活的种种方面。总括起来,不外三个方面：（一）精神生活方面,如宗教、哲学、科学、艺术等是。宗教、文艺是偏于情感的；哲学、科学,是偏于理智的。

---

① 马林诺夫斯基：《文化论》,中国民间文艺出版社,1987年版,第2页。

(二)社会生活方面,我们对于周围的人——家庭、朋友、社会、国家、世界——之间的生活方法都属于社会生活一方面,如社会组织、伦理习惯、政治制度及经济关系是。(三)物质生活方面,如饮食、起居种种享用,人类对于自然界求生存的各种是。①

这是一个包罗万象的文化定义,凡人类创造的一切,不论是精神方面的,还是物质方面的,都可以称为文化。中国社科院研究员庞朴先生用更学术化的语言将文化分为三个层面:

> 文化,从最广泛的意义上说,可以包括人的一切生活方式和为满足这些方式所创造的事事物物,以及基于这些方式所形成的心理和行为。它包含着物的部分、心物结合的部分和心的部分。如果把文化的整体视为立体的系统,那时它的外层便是物质的部分——不是未经人力作用的自然物,而是"第二自然"(马克思语),或对象化了的劳动。文化的中层,则包含隐藏在外层物质里人的思想、感情和意志,如机器的原理、雕塑的意蕴之类;和不曾或不需体现为外层物质的人的精神产品,如科学猜想、数学构造、社会理论、宗教神话之类;以及,人类精神产品之物质形式的对象化,如教育制度、政治组织之类。文化的里层或深层,主要是文化心理状态,包括价值观念、思维方式、审美趣味、道德情

---

① 梁漱溟:《东西文化及其哲学》,见《梁漱溟学术精华录》,北京师范学院出版社,1988年版,第7页。

操、宗教情绪、民族性格等等①

在这个意义上,文化与人的本质问题联系在一起,文化是人创造的,人又是文化创造的。文化在一定的意义上就是"人化"。在广义的文化概念中文化被分为三个层面,即物质文化,制度文化,精神文化。物质文化不是指原本的自然,是人创造的"第二自然",或者说是对象化的劳动结果。制度文化则是指渗透了人的观念的社会的各种制度。精神文化是最深层的东西,如文化心理、价值观念、思维方式、审美趣味、道德情操、宗教情绪、民族性格等。物质文化最为活跃,容易变化(如不论什么时代,对外来物质文化的吸收总是先行的)。精神文化则惰性最大,不容易改变。这个广义的文化概念就是指整个社会生活,可以说无所不包。人所需要的一切,所制作的一切,所发明的一切都可以叫做文化。如企业文化,校园文化,寺庙文化,商业文化,村庄文化,城市文化,政治文化,经济文化,机关文化,工厂文化,饮食文化,酒文化,茶文化,中医文化,西医文化,艺术文化,电影文化,电视文化,广告文化,报纸文化,杂志文化,住宅文化,厕所文化,服装文化,鞋文化,园林文化、山文化、水文化等等,还有很多。只要你能说出一种有特色的生活活动,就有一种文化。这个文化概念与文明概念是很难区分的,虽然马林诺夫斯基说过"'文明'一词不妨用来专指较进展的文化中的一个特殊方面"②。

---

① 庞朴:《文化结构与近代中国》,《稂莠集——中国文化与哲学论文论集》,上海人民出版社,1988年版,第6页。
② 马林诺夫斯基:《文化论》,中国民间文艺出版社,1987年版,第2页。

2. 狭义的文化概念

另一种是狭义的文化概念。文化是个人的素养及其程度。即包括人受教育的程度、知识的多少、涵养的高低等。《现代汉语词典》中"文化"的第三义"指运用文字的能力及一般知识"。这是狭义的文化概念。个人的知识积累的多少是文化。由于知识积累的多少导致个人教养的高低,也是文化。运用文字的能力高,会写文章,叫有文化,反之,就是文化水平比较低。如我们说,某人在大街上小便,太没有文化教养了。某人连世界分几大洲也说不清楚,文化水平很低。如填表时候的"文化程度"的"文化"就专指教育程度而言。这个意义上的文化只是从知识修养方面来说的。

3. 符号论的文化概念

从符号学的意义看,文化是人类的符号思维和符号活动所创造的产品及其意义的总和。这个观点是由德国的现代哲学家卡西尔(Ernst Cohen,1874—1945)提出的。卡西尔认为,人是什么,人的本性是什么,那就是文化。过去有人是政治的动物的说法(亚里士多德),有人是理性的动物(启蒙主义)的说法,都有一定的道理。但卡西尔认为与其说人是政治的动物或理性的动物,不如说人是文化的动物。因为正是文化把人与非人区别开来。那么文化又是怎样创造出来的呢?这就是人的劳作(work)。卡西尔说:

> 正是这种劳作,正是这种人类活动的体系,规定和规划了"人性"的圆周。语言、神话、宗教、艺术、科学、历史,都是这个圆

的组成部分和各个扇面。①

卡西尔认为,动物只有信号,没有符号。信号只是单纯的反应,不能描写和推论。他解释说,动物世界(如类人猿)最多只有情感语言,没有命题语言,而人则具有命题语言。例如,一只猴子愤怒了也会咬人,但它的愤怒和咬人是对刺激的直接的情感反应,它不会运用符号来思考如何进行报复,如思考等待若干天之后进行很特别的报复。因为情感语言只能直接简单表达情感,不能指示或描述任何事物。但命题语言就不仅能曲折细微地表达情感,而且还能指示、描述、思维等。例如一个人遭到了不公平的对待,他愤怒,他可以作出立即的直接的情感反应,但也可以控制自己,对这个"命题"进行思考,等待机会进行最有理有利有力的报复。中国有句古语:"君子报仇,十年不晚。"在这等待中,他一定有许多运用语言符号的复杂思考。因此动物与人类对外界的反应是不同的,动物是直接的、迅速的反应,人则是"应对","应对"常常是间接的、延迟的,是被思想的缓慢复杂过程所打断与推延的。能否"应对"常常是"命题语言与情感语言之间的区别,就是人类世界与动物世界真正的分界线"②。人因为拥有符号因此创造了文化。他的公式是这样的:人——运用符号——创造文化(语言、神话、宗教、艺术、科学、历史等)。人与符号与文化可以说是三位一体。符号思维、符号活动因为不仅是直接

---

① 卡西尔:《人论》,上海译文出版社,1985年版,第87页。
② 同上。第38页。

的单纯反应式的,因此符号所创造的文化形态,如语言、神话、宗教、艺术、科学、历史等,都是意义系统。

不难看出,广义的文化概念与符号论的文化概念有相同之处,那就是都认为文化是与人的本质相联系的,一方面是人创造了文化,另一方面文化创造了人。有无文化是人与动物的根本区别。符号论的文化概念又与广义的文化概念在强调"人化"这一点上是相同的。但是它们之间又有不同。首先,符号论的文化概念把符号作为人的最重要的标志,没有符号、符号活动和符号思维,人的本质就无法凸现出来,文化是人运用符号及其意义而创造的;其次,符号论的文化概念认为文化就是对蕴蓄在人的灵魂深处的精神文化、观念文化而言的,具体说文化是人性展开的语言、神话、宗教、艺术、科学、历史等各个"扇面"。

本书所讲的文化,是符号论意义上的文化,这首先是因为文学作为一种艺术,的确是人类深层的文化,它是人运用语言符号系统,展现诗意的人生意义和精神追求,尤其包括人的审美理想的追求;其次我们从这个文化概念上来理解文学,是旨在强调文学作为一种文化,与语言、神话、宗教、科学、历史等精神形态的文化有更加密切的互动关系,而且揭示这种互动关系正是跨越文学来考察文学自身一个重要的途径。有人会问,文学不也要描写那些物质文化、行为文化吗?例如花草树木等自然景观,人物行为等社会景观,这岂不说明文学属于前面所说的广义文学吗?这种理解是不对的。文学虽然也描写物质文化、行为文化,甚至描写本真的自然,但文学不是把这些物质文化和行为文化拿出来展览,而且文学在描写这些物质文化、行为文化或本真的自然的时候,是作家以自己的诗意的情感去把握、拥抱它们的。当作家把这些物质事物写进作品中去的时候,已经属于观念形态或精神形态的东西,已经不是原本的物质文化、行为文化,它已经是一个符号的世界、意义的世界和艺术的世界。例如,杜甫的《望岳》:

岱宗夫如何?齐鲁青未了。造化钟神秀,阴阳割昏晓。
荡胸生层云,决眦入归鸟。会当凌绝顶,一览众山小。

这是描写山东泰山的一首诗,意思是说:泰山的形象究竟怎么样啊?从齐地到鲁地都望不尽它的山色。大自然把神奇秀丽都集中于泰山,山的南面与北面,就像早晨与傍晚两个世界。远望山中层云叠出,目送归鸟入山,几乎把眼角都睁裂了。将要登上顶峰,往下一看,那山下众多的山都变得十分的小。全诗似乎只是描写泰山,写从山下望山上,写它的神奇秀丽,写它的山南山北的区别,写山旁边的云层和飞鸟,最后写从山上往山下望的情景。似乎只是写山,其实不完全是。这是写杜甫眼中心中的山,通过对泰山的描写,表达了对祖国山河的热爱。这里的作为自然物的泰山,变成了诗人用他的全部生命的情感把握过的一种具有意义的符号,如果说这首描写泰山的诗是"文化"的话,那么是属于符号论意义上的文化,即独特的精神文化。可以这样说,所有的物质文化、制度文化和行为文化,一旦进入文学作品中,就变成了具有符号意义的精神文化了。也正是在这个意义上,我们认为以符号论的文化概念来审视文学是最为可取的。

(二) 文学的文化意义

文化既然是人类的符号思维和符号活动所创造的产品及其意义的总和,既然人与符号与文化是三位一体的,那么文学的文化意义就必然与人的生存状态、人的生存的意义、人与人的交往沟通境况以及人所憧憬的理想密切相关,一句话,是与人的精神关怀密切相关的。从这个意义上说,文学的文化意义至少有以下四点:

1. 揭示人的生存境遇和状况

人的生存的是偏于动物性还是人性,这是文化首先关心的事情。奴隶社会、封建社会和资本主义社会,那是一个人剥削人、人压迫人的社会,这就必然出现马克思所说的人的"异化"。所谓人的"异化",即人的本性的丧失,人成为"非人"。奴隶社会、封建社会和资本主义社会人的"异化",即一部分人因其受压迫的地位而变成被宰割的"羔羊",而另一部分人因其压迫人的地位,被动物性的贪欲所控制而变成"豺狼",这种状况就是由那种社会的文化所造成的。文学若能揭示人的现实生存状况,那么就有了文化意义。因为它是在揭露这种文化的非人性和反人性的性质,这里就具有了对人的精神关怀的价值了。批判现实的假、恶、丑的作品一般而言就在这方面具备了文化意义。例如,鲁迅的小说《祝福》是大家都熟悉的作品。作品的主人公祥林嫂本来是一位平凡、善良和淳朴的劳动妇女,她正派、俭朴、老实、寡言、安分,但也顽强。她的身上充满了人性。但封建文化及其权力形式摧毁了她的一生。她生活在封建文化弥漫的社会中,她的悲剧可以说是必然的文化悲剧。她一生有几个转折点,先是夫死,她自身受封建文化中"守节"的毒害,不愿出嫁。但她的家族不给她"守节"的权利。她被当作货品那样强制地出卖了。接着出现第二个转折点,她再嫁的丈夫又病逝,心爱的儿子被狼吃掉了。"出嫁从夫,夫死从子",这是封建文化的规定。她无法在这里生活下去了。她面临第三次命运的转折,她再次到鲁四老爷家当佣人。但这次她因她的遭遇被视为有"罪"的人,连祭祀时候的祭品都不让她端,这使她精神上遭到前所未有的打击。再接着她又面对着第四次转折,这次是普通人给她的信息,凡嫁过两个男人的人,到了阴间将被阎罗大王锯成两半分给两个死鬼。她虽然反抗过,但她终于冲不出封建文化设下的罗网,悲惨地倒下了。《祝福》的文化意义是揭露了腐朽的封建文化不适宜于中国普通人民的生存,从而呼唤一种适宜于普通中国人生存的新的文化。再如,西方的19世纪的批判现实主义作品,一般都认为是对资本主义的吃人文化的揭露。在英国狄更斯的作品中,在法国巴尔扎克的作品中,在俄国列夫·托尔斯泰的作品中,深刻地揭露了资本主义如何欺压下层的人民,下层人民如何过着非人的生活,他们在精神上如何陷入悲惨的境地,他们的人性如何在那金钱主义统治的社会受到扭曲,等等;那么,在资本主义社会中,一方面是财富的急剧的增长,一方面是人性的丧失,这种情况是怎样造成的呢?批判现实主义作品通过艺术描写令人信服地指出,这就是资本主义文化生产出来的恶果。批判现实主义作品也就在揭露资本主义人性丧失的描写中,呈现出人的生存境遇和状况,从而显示出文学的文化意义。其实,不仅批判现实主义的文学作品,重点揭露人的生存境遇和状况,从古至今大量的文学作品,都着力于对人的生存状况的揭露。譬如,今天我们实现改革开放,发展现代化的工业、农业和商业等,通过多年的努力,人民的生活水平有了很大的提高,精神生活也比过去丰富;但是,伴随着物质和精神生活的提高,也出现了一些严重问题,如自然环境污染,官员贪污腐败,伦理道德滑坡,犯罪事件增多,消费主义流行,下岗工人增加,贫富距离拉大等等。这些社会问题的出现,必然影响人的生存境遇,其中也折射出我们社会文化转型的现实。我们现在已经看到一些文学作品,对社会文化转型时期的人的遭际进行了艺术的描写,那么这些作品也就会具有文化意义。

2. 叩问人的生存意义

人为什么活着?什么是幸福?什么是不幸?什么是爱情?什么是亲情?什么是友情?什么是乡情?什么是爱国之情?什么是民族之情?什么是人的责任和人的同情?等等,对这些问题的回答,体现了人的生存意义,也是精神文化中一些基本的观念。文化把人的生物性的欲望变成一种美学的、哲学的精神活动。例如文化使求偶要求变成为心心相印的爱情活动。文化使衣食的温饱变成为一种精神的享受。文化使求生变成一种回归家园的精神过程……作家在其作品中也必然要艺术地探索这些问题,以其语言所塑造的形象表达什么样的生活是值得过的,什么样的生活是不值得过的。这样,文学的文化意义就在叩问人的生存的意义问题上凸显出来。例如,杜甫的诗《茅屋为秋风所破歌》是大家都熟悉的。杜甫在描写了大风卷去屋上三重茅之后,描写了"床头屋漏无干处,雨脚如麻未断绝"之后,呼喊道"安得广厦千万间,大庇天下寒士俱欢颜,风雨不动安如山。呜呼!何时眼前突兀见此屋?吾庐独破受冻死亦足"。这里表达出儒家的"仁义"之心,即那种"先天下之忧而忧,后天下之乐而乐"(范仲淹)的精神。儒家文化的积极的生活意义在于:先人后己,先忧后乐。杜甫诗中"忧"天下人的精神就是儒家文化积极人生态度的表现。又如《红楼梦》描写了贾宝玉与林黛玉要求打破封建礼教的束缚,要求个性的解放与自由,热烈地追求建立在共同信念基础上的爱情,并以此爱情为真为善为美。作者又抱着同情的心理来写他们的爱情追求,这样就显示出《红楼梦》的文化意义。

3. 沟通人与人、人与自然之间的联系

文化的群体性是十分突出的。文化在一定意义上就是一个群体、一个民族、一个国家、一个共同体、一个人在长期的历史中形成的共同遵守的思想和行为准则。真正的文化都是以爱护人为目标的,所以文化可以使人与人变成兄弟姐妹。文化可以变野蛮的抢夺为和平的竞赛。文化可以使弱肉强食变成互相支援与帮助。文化可以使对抗变成友谊。文化可以使陌生甚至敌对的自然变成亲和之物。文学中的交往对话关系,以诗情画意延伸了文化对人与人之间、人与自然之间的和谐,从而显示出文学的文化意义。例如,男人与女人之间的恋爱,就是一种人的爱的感情的沟通。但是在这种沟通中,不是没有困难和问题,文学从情感这个领域出发关心这种沟通。例如中国现代诗人汪静之有一首题为《恋爱的甜蜜》的诗:

琴声恋着红叶,/亲了永久甜蜜的嘴。/他俩心心相许,/情愿做终身的伴侣。

老树枝,/不肯让伊/自由嫁给琴声。

  辛亏伊不受教训,/终于脱离了树枝,/和琴声互相拥抱;/翩跹地乘着秋风。/飘上了青天去。

  新娘和新郎/高兴得合唱起来,/韵调无限和谐:"啊!祝福我们,/甜蜜的恋爱,/愉快的结婚啊!"

  这首诗歌所歌唱的就是青年男女之间热烈爱的关系,经过追求,遭遇困境,走上反抗,终于实现爱的沟通的理想。这里充满了追求爱的自由这种文化理想。当然爱的沟通除了要有这种作为人的文化精神的勇气之外,也许还要有更多的东西。让我们来阅读一下舒婷的《致橡树》:

  我如果爱你——/绝不像攀缘的凌霄花/借你的高枝炫耀自己;/我如果爱你——/绝不学痴情的鸟儿/为绿荫重复单调的歌曲;/也不止像泉源/长年送来清凉的慰藉;/也不止像险峰/增加你的高度,衬托你的威仪。/甚至日光。/甚至春雨。/不,这些都还不够!/我必须是你近旁的一株木棉,/根紧握在地下,/叶,相触在云里。/每一阵风过/我们都互相致意,/但没有人,/听懂我们的言语。/你有你的铜枝铁干/像刀,像剑,也像戟;/我有我红硕的花朵/像沉重的叹息,/又像英勇的火炬。/我们分担寒潮、风雷、霹雳;/我们共享雾霭、流岚、虹霓。/仿佛永远分离,却终身相依。/这才是伟大的爱情,/坚贞就在这里:/爱/不仅爱你伟大的身躯,/也爱你坚持的位置,足下的土地。

在这首诗里,同样也描写爱的沟通。但显示出更多的现代文化的意义。爱不仅是互相依赖,不是一方衬托另一方。爱是彼此的情感沟通,共同拥有一片情感的天空,同时又各自独立,各自有独立的人格、独立的创造、独立的表现,爱是平等的。这就是现代人的爱的理想。我们追求的应该是这样的爱。诗人以象征、比喻生动地展现了这种爱的"交往",使文学凸现出爱情关系中的精神文化意义。

人与自然的交往在许多诗篇中也显示出文化意义。例如现代诗人芦甸的《大海中的一滴水》:

> 我多么渺小,/我是大海中一滴水;/然而,我骄傲,/我为大海所包容。
>
> 海,推动我,/我也推动海。
>
> 在暴风雨的袭击下,/我是波涛上飞射的水柱,/我是急流中翻腾的浪花,/我,永不屈服,/我和兄弟们一同/向风暴作决死的斗争。
>
> 风平浪静的时候,/我是一个沉默的工作者,/人们只看见无际的碧蓝,/看不见我……
>
> 任何一滴水,/都要归向海,/离开海,/必然死亡!
>
> 我多么渺小,/我是大海中的一滴水;/然而,我骄傲,/我为大海所包容……

在这首诗里所写的一滴水与大海的关系,似乎与人的精神文化无关。其实不然。这里所写的是一滴水与大海的关系(自然)和个人与集体的关系(人类)的对应同构。在这里一滴水和大海,并不是陌生的自然,而是一种亲切之物,或者说是一种亲切的思想感情,即关于个人与集体、渺小与伟大、必然与自由的辨证思考。这里显示出人类与自然在本质上的同构关系,也说明文学在以自然为对象时,作家的确赋予自然以精神文化意义。

4. 憧憬人类的未来

人与动物的根本区别之一,就是动物总是浑浑噩噩地活着,它们没有理想,不能预测未来。尽管蜜蜂构造的蜂房,它的精密灵巧可能使许多建筑师感到惭愧不如,但蜜蜂不如人的地方在于它只是凭本能在构造,它不可能事先有筹划,而人则可以有意识地构造未来。例如人构造一座房子,哪怕再简陋,也总会在事前拟定一个蓝图。人是一种具有理想的动物。人每天都怀着对未来的筹划、希望生活着。人之有理想、幻想,乃根源于他们的文化。或者说,人的愿望、理想和幻想,如果没有文化的升华,那么人类就要倒退回原始状态中去。人类因为有了文化,人才真正地成为了人。同时文化使未来有现实之根,未来因文化之助变得美好起来。文学诗意地表现人的愿望、理想和幻想,展现了一个充满人性的未来,而获得文化意义。例如,宋代文学家苏轼的《水调歌头》:

明月几时有?把酒问青天。
不知天上宫阙,今夕是何年?
我欲乘风归去,又恐琼楼玉宇,高处不胜寒。
起舞弄清影,何似在人间。

转朱阁,低绮户,照无眠。
不应有恨,何事偏向别时圆?
人有悲欢离合,月有阴晴圆缺,此事古难全。
但愿人长久,千里共婵娟。

这是苏轼在中秋之夜、在月下畅饮怀念弟弟苏辙,写下的名篇。这首词最大的特点是,一方面抒发了现实的苦闷,亲人离别,无法相见等情绪,另一方面则是展开了幻想,把酒问天,"欲乘风归去",抒发对天上宫阙的向往。但又觉得天上宫阙,虽是"琼楼玉宇",却"高处不胜寒"。现实与理想都并非圆满,人间有"悲欢离合",天上有"阴晴圆缺",难于十全十美。词人真诚地祝愿"人长久",虽彼此在千里之外,却能"共婵娟"。这首词的突出特点就是人能展开广阔无限的幻想,向往美好的未来,表现了人的特性,从而获得文化意义。

又如清代诗人张维屏(1780—1859)的《新雷》:

造物无言却有情,每于寒尽觉春生。
千红万紫安排着,只待新雷第一声。

这里以自然的运动来暗示社会的未来。物极必反,冬去春来。在自然季节的运动中,惊天动地的"新雷"必然要来临。这种对未来的乐观是建立在"穷则变,变则通,通则久"①的文化思想上的。反过来说,此诗反映了中国传统中朴素的辨证运动的文化观念。也正因此,中国不同时期的诗人作家对未来都有一种"否极泰来"的期待,完全的消极失望在受中国传统文化熏染的诗人作家的作品中是很少的。

需要补充的是,文学的文化意义不但表现在对人的生存状况、生命意义等人文关怀上面,而且还表现在对文学自身的理解上面。就是说,我们不应该把文学理解为一种与社会文化无关的独立封闭的存在。一部文学作品,无论它如何拒绝或忽视其社会文化,如作品可以不过问政治,不描写现实的斗争,与政治与现实保持距离,但它总会在不知不觉中描写人情风俗,抒发人的情感,而这种人情、风俗和情感总是深深根植于社会文化之中的,不能不带上社会文化的烙印。文学的文化意义是一种自然的存在,因而并不存在完全封闭的"自在的文学作品"那样的东西。

二、文学是文化的意义载体

文学作为艺术之一,它本身也是一种文化,我们可以称之为艺术文化。同时我们必须看到的是,文学作为一种艺术文化不是孤立的,它不但与整个文化相联系,而且还必然直接或间接地成为文化意义的载体。

---

① 《周易·系辞下》。

(一) 文学作为文化意义载体

不论任何时代的、任何民族的文学作品,它作为文字符号总是负载着文化意义。人们可以从文学的艺术文本内部反观某种文化意义。这种文化意义深入到文学作品的深层,成为文学作品的一种"底色"。不同民族的文学负载着不同的民族文化。不同时代的文学负载着不同的文化。不同历史阶段的文学也负载着不同的文化。受不同文化思想影响的作家负载着不同的文化。同一时期不同流派、不同风格、不同追求的作家也负载着不同的文化。因此我们可以通过对作品的征兆性的分析,揭示出文化思想内容来。

不同民族的文学负载着不同的民族文化。不同民族的民族文化是在长期的历史发展过程中形成的。世界中有许多民族,它们都有悠久的发展历史,独特的民族文化就是它们的历史的积淀物。例如,汉民族文化是在亚洲东部黄河流域发展起来的。汉民族生活的地区虽然也有海,但由于黄河、长江漫长的延伸,有广阔的腹地,总体上是一个大陆民族。汉族古人所理解的中国,就是"四海之内"。尽管汉族生活地区也有漫长的海岸线,但汉族古代思想家对海的兴趣都不高。《论语》中,孔子只有一次提到海:"道不行,乘桴浮于海。"孟子的著作中也只有一次提到海:"观于海者难为水,游于圣人之门者难为言。"(《孟子·尽心上》)这与西方古代哲人苏格拉底、柏拉图、亚里士多德经常进出于各岛之间,对于海的兴趣是异乎寻常的情况大不一样。黄河、长江沿岸适宜于自然农业经济,人们对农业的重视远远超过对商业的重视。汉族古代思想中有本末之别。"本"是指农业,

"末"则是指商业。其理由是,如果不是农业生产出东西来,哪里会有商业性的交换关系呢?必须先有生产,然后才有交换。所以古代中国历来都"重本轻末"。这样一来,从事商业的人就被看作是从事"末"的工作的人,他们也就自然受到轻视。一般地说,古代汉族有四个传统阶级,这就是士、农、工、商。商被排到最后一个,而士、农则被排列到前面。所谓"士"即地主。虽然他们以出租土地为生,不直接从事生产,但他们的命运都系于农业。收成的好坏与他们生活的好坏密切相关。这样士与农在对自然、生活的感受上也就有了相通之处。士与农都受到社会的重视。《吕氏春秋》中有《上农》一篇,就把农与商做了对比,尽量美化农民的生活方式,说:"民农则朴,朴则易用,易用则边境安,主位尊。民农则重,重则少私义,少私义则公法立,力专一。民农则其产复,其产复则重徙,重徙则死其处而无二虑。"尽量丑化商人的生活方式,说:"民舍本而事末则不令,不令则不可以守,不可以战。民舍本而事末则其产约,其产约则轻迁徙,轻迁徙则国家有患,皆有远志,而无居心。民舍本而事末则好智,好智则多诈,多诈则巧法令,以是为非,以非为是。"既然古代汉族"上农"而轻商,而农则只靠土地为生,土地对他们来说是命根子,所谓"天地自然育成万物",对土地有一种信任感和亲切感。"天人合一"自然就成为理想。另外土地不会移动,农民世世代代都生活在一个地方,一家一户终年耕种土地。这样就发展起了与西方的城邦制度不同的家邦制度。一个家族有父子、兄弟、夫妇等人伦关系,这些关系被认为是天经地义的,其他社会关系,如君臣、朋友关系,当然也要按家族关系来理解和衡量,君臣关系要按父子关系来规范,朋友关系要按兄弟关系来规范。家,是汉族自然农业经济衍生出来的核心的社会组织形式。那么在家族关系上提倡什么呢?这就是所谓"父慈子孝"、"兄友弟恭"、"夫唱妇随"等。这种关系的实质就是"和"。一家人中,尽管有父子、兄弟、夫妇等多种关系,但都要以"和"为贵。因为只有这样"和",在农业生产中才能建立起"和"的协作关系,大家齐心协力,相互配合,达到五谷丰登、人畜兴旺、丰衣足食。宋代范成大的《四时田园杂兴》,就写出了农民田园生活的和谐美好:

吉日初开种稻包,南山雷动雨连宵。
今年不欠秧田水,新涨看看拍小桥。

(其三)

胡蝶双双入菜花,日长无客到田家。
鸡飞过篱犬吠窦,知有行商来卖茶。

(其四)

三旬蚕忌闭门中,邻曲都无步往纵。
犹是晓晴风露下,采桑时节暂相逢。

(其五)

雨后山家起较迟,天窗新色半熹微。
老翁歌枕听莺啭,童子开门放燕飞。

(其六)

梅子金黄杏子黄,麦花雪白菜花稀。
日长篱落无人过,惟有蜻蜓蛱蝶飞。

(其七)

昼出耘田夜绩麻,村庄儿女各当家。

童孙未解供耕织,也傍桑阴学种瓜。

(其八)

　　这组诗写出了汉族古代农家那种相互合作和亲近土地的生动情景,自然,清新,体现出人与人、人与自然的和谐的氛围。对于这种以家庭为形式的自然农业经济在伦理文化上的反映是"以和为贵"。这组诗一方面描写了汉族农家的生活情景,另一方面又成为汉族的"以和为贵"的文化载体。

　　以古希腊民族为代表的欧洲民族,他们生活于地中海沿岸,海洋是他们活动的主要场所,商品经济较发达,商人地位很高。商人的特点是喜迁徙、好冒险。他们对土地山川等自然景物不具有像农民般特殊的依赖关系,相对地说,也就缺少对陆地的亲近感和执着感,相反,崇山峻岭、山川河流等还可能成为他们经营活动的障碍,甚至于在冒险活动中失败而引起对命运的哀叹,也可能把它归结于大自然存在某种神秘力在驾驭和玩弄自己,这样,希腊诸民族对自然就不能不产生对立情绪,进而产生人反抗自然、征服自然的愿望与行动。另外,在他们的商业活动中,他们所建立起来的是区别于汉族家邦制度的城邦制度,城邦制度的一大特点就是所谓的平等的竞争,无论在商业活动中,还是在政治活动中,自己的成功都建立在他人的失败上,这样人与人的关系也就永远处于对立、冲突中,谁在对立、冲突中获得胜利,谁就是成功者,谁也就是精神愉快者。这是他们文化中最核心的内容。在文学上的反映就是以通过悲、喜、崇高、卑下等描写来表现冲突之美。例如希腊的荷马史诗、莎士比亚悲剧和喜剧,都写人与人之间的冲突、人与自然的冲突,复仇是他们作品中的重要母题。所以希腊等欧洲民族的文学成为希腊等欧洲文化的载体。

不同的历史时期的文学负载着不同历史时期的文化。民族文化是在历史发展中变迁的。因此,不同历史时期具有不同的文化形态,就很自然。不同历史时期的文学负载着不同时期的文化形态,因此我们可以通过不同历史时期的文学反观不同历史时期的文化蕴含。中国文学发展的历史大体上经历了古代神话、《诗经》、楚辞、汉赋、汉乐府、魏晋六朝骈体文、玄言诗、唐诗、宋词、宋元话本、明清小说这样的历程。文学的这种发展与中国文化的发展是相对应的。因此我们通过对不同历史时期的文学作品的分析,的确可以反观不同历史时期的文化状况。这里,我们可以引述白居易的《与元九书》的一段话,就可以看出不同历史时期文学的文化内涵:

> 晋宋以还,得者盖寡。以康乐之奥博,多溺于山水;以渊明之高古,偏放于田园。江、鲍之流,又狭于此。如梁鸿《五噫》之例者,百无一二焉。于时"六义"浸微矣。陵夷(矣)。
>
> 至于梁、陈间,率不过嘲风雪、弄花草而已。噫!风雪花草之物,三百篇中岂舍之乎?顾所用何如耳。设如"北风其凉",假风以刺威虐也。"雨雪霏霏",因雪以愍征役也。"棠棣之花",感华以讽兄弟也。"采采芣苢",美草以乐子也。皆兴发于此而义归于彼,反是者,可乎哉?然则"余霞散成绮,澄江净如练","离

花先委露,别叶乍辞风"之什,丽则丽矣,吾不知其所讽焉。故仆所谓嘲风雪、弄花草而已。于时六义尽去矣。

这两段话的意思是:两晋、刘宋以来,一般说符合规范的很少。谢灵运的诗精巧而细致,多数沉溺于描写山水景物;陶渊明的诗清新自然,偏重于歌咏田园生活;江淹、鲍照一些人,又比他们的境界还要窄狭。像梁鸿的《五噫》那样的作品,一百篇之中没有一两篇。到这时六义逐渐衰微了。到了齐梁期间,一般作品都不过是吟咏风雪、玩弄花草罢了!风雪花草这些东西,《诗经》中难道去掉不要了吗?但要看用的怎么样了。例如,"北风其凉",是借风雪来讽刺残暴的统治。"雨雪霏霏",是通过描写雨雪怜悯征役的痛苦。"棠棣之花",是对花朵有所感而吟咏兄弟的友爱。"采采芣苢",是通过草木的描写来表现有子的快乐。在这里,都是通过起兴而另外有意义的寄托。如果不是这样,怎么可以呢?至于"余霞散成绮,澄江净如练"、"离花先委地,别叶乍辞风"之类的篇章,说美丽是够美丽的了,不过我不知道他们吟咏的是什么。所以我说他们吟咏风雪、玩弄花草而已。到这时,六义完全没有了。对于白居易这段话,我们应如何来理解呢?首先,我们必须知道,写这篇文章时候的白居易是完全站在儒家正统文化的立场来说话的。这是中唐时期一般文人的文化思想的表现。其次,白居易以儒家文化思想的标准来批评两晋、宋、齐、梁、陈这几个朝代的诗人作品中的文化思想。晋、宋以来,六义的确逐渐衰微。例如谢灵运和陶渊明的诗歌只是歌颂山水和田园。实际上这个时期文学受道家文化思想影响比较大,所以在白居易看来,不符合儒家的

"六义"(风、雅、颂、赋、比、兴)。"道家虽然没有论艺术的专著,但是他们对于精神自由运动的赞美、对于自然的理想化,使中国的艺术大师们受到深刻的启示。正因为如此,难怪中国的艺术大师们大都以自然为主题。中国画的杰作大都画的是山水,翎毛,花卉,树木,竹子。一幅山水画里,在山脚下,或是在河岸边,总可以看到有个人坐在那里欣赏自然美,参悟超越天人的妙道。同样在中国诗歌里我们可以读到像陶潜(372—427)写的这样的诗篇:

> 结庐在人境,而无车马喧。
> 问君何能尔,心远地自偏。
> 采菊东篱下,悠然见南山。
> 山气日夕佳,飞鸟相与还。
> 此中有真意,欲辩已忘言。

道家的精髓就在这里。"[1]陶渊明的道家思想诗歌的兴起,儒家文化思想开始衰微。到了梁、陈时期,儒家文化思想进一步衰落,道家的思想进一步兴盛,多是"余霞散成绮,澄江净如练"这类诗句,所以白居易就进一步感叹说"于时六义尽去矣"。我们从白居易的论述中可以看到,从诗歌可以反观出不同历史时期不同文化思想的变化:汉代的儒家文化,六朝的道家文化,唐代重新出现的儒家文化。

同一历史时期不同文学流派的作家,其作品所反映的文化也不

---

① 冯友兰:《中国哲学简史》,北京大学出版社,1985年版,第29—30页。

相同。例如现代小说创作中,鲁迅和沈从文是同一个历史时期的两个可以比肩的文学巨匠,他们的小说的思想和文体是不同的。鲁迅的小说多批判传统文化,他研读《资治通鉴》悟出"中国人尚是食人民族",在他看来"没有一件不与野蛮人文化恰合"。所以他的小说如《狂人日记》《孔乙己》《阿Q正传》等都是揭示中国国民性的落后。沈从文的小说创作则不同,如《边城》《萧萧》等,以诗一般的文字,赞美保持着传统文化的湘西地区人性的美、人情的美和风俗的美。所以有的研究者说,鲁迅的伟大在于表达了对中国国民落后性的"恨",沈从文的伟大在于表达了对中国民风、民情的"爱"。这种说法有一定的道理。但是道理在什么地方呢?这就要从他们的文化观念来作出解释。实际上,他们两个人做着不同的梦。鲁迅做的是反原始文化的梦。例如他批判的阿Q的"精神胜利法",将主观的情感、愿望投射于外在世界,认为它们具有客观的真实性,并把它们当作实在来感受。这实际上是鲁迅对主客观混淆不分的和神秘互渗的原始心态的再现与批判。原始人出发打猎时的巫术仪式,就是主客观不分的原始文化的典型表现。鲁迅认为这种文化是原始的、愚昧的,是导致中国贫穷落后的原因。现代中国必须离异这种文化形态才有前途。沈从文则做原始主义的梦。在沈从文的小说中,湘西地区原始性的民情民风民俗,成为一种美的理想。穴居山洞,猎兽充饥,对歌定情,对金钱的鄙视,原始野性的爱,无拘无束的生活,等等,他都作了牧歌式的诗意描绘。作品中还对现代城市文明进行嘲讽,这实际上是沈从文在某种程度上对原始文化的神往。在他深层的意识里,原始文化所留下的古朴的民情民风民俗更适合于现代人的生存。这就不能不说鲁迅和沈从文代表了两类不同的中国现代知识分子的在文化上的不同思考和选择。他们的作品则负载着不同的文化意义。

为什么文学作品会负载着不同的文化意义呢？这主要与作家的文化取向或文化理想有关。不同民族的作家有不同的文化取向与文化理想，不同时代的作家有不同的文化取向与文化理想，就是同一时代同一民族的作家面对着共同的传统文化，也可能产生不同或完全相反的文化取向与文化理想。"认同"还是"离异"，就是对待传统文化的不同的文化取向。大家知道文化本身就是一种带有倾向性的力量，它可以用来认知我们周围的一切现象，如善－恶，美－丑，贵－贱，尊－卑；秩序－混乱，理智－疯狂，正常－反常，健康－病态等等。"认同"就是以传统文化的眼光去看待周围的一切，巩固和维护传统文化已经确定的种种规范，使传统文化得以凝聚和稳定。上面我们所举的沈从文的例子，说明沈从文对传统文化采取了"认同"的取向，所以其作品成为传统文化的意义载体。"离异"表现为批判和扬弃，表现为在一定条件下，打破和改变传统文化的规范，呼唤或形成新的规范。上面所举的鲁迅的例子，显示了鲁迅对传统文化采取了"离异"取向，他在呼唤一种有别于传统文化的新的文化。他的作品成为新文化的载体。

（二）文学的文化意义的发现

那么如何去发现文学所负载的文化意义呢？英国伯明翰当代文化研究中心的学者们，把文学——文化阅读分为"品质阅读"和"价值阅读"。

1. "品质阅读"

所谓"品质阅读"是"表示试图尽可能完全地把握作品的肌质，表示首先注意到语言中的各种要素，重音和非重音，重复和省略，意象饱含混等等，然后由此向人物、事件、情节和主题运动"①。这是就西语文学而言的，若是论汉语文学中的"品质阅读"则要讲究用字、比兴、押韵、平仄、对仗和用事等，进一步再深入到情景的描写或人物、情节的叙述。如中国古代历代差不多都有描写"怨妇"的诗，我们这里且举一首六朝时期谢朓的《玉阶怨》来进行"品质阅读"：

> 夕殿下珠帘，流萤飞复息。
> 长夜缝罗衣，思君此何极。

头一句点明了时间与环境，这个妇女因丈夫外出不归可能等了许多天。这"夕殿"是说黄昏时刻她仍在房间里抱着希望。但终于不见丈夫的身影，希望破灭了，所以"下珠帘"。这一个"下"字表现了她的无奈。此时周围的萤火虫"飞"着，随后飞走了，就像那灯火熄灭了。这里有动有静，暗示出这个思妇内心感情的起伏。但这样就不想了吗？没有。"长夜"漫漫，思妇忍不住还是思念，她把思念之情似乎一针又一针地"缝"进为她的丈夫所做的"罗衣"里去了。实际上这个时候她的思念达到极点。这自然是一首好诗。它把思妇之情感烘

---

① 参见理查德·霍加特：《当代文化研究：文学与社会研究的一种途径》，《当代西方艺术文化学》，北京大学出版社，1988年版，第34页。

托得很具体。但是最后一句"相思此何极"虽然是点题,但失之于直露。所以这首诗的"品质"还未达到最高远的地步。让我们再来看李白的《玉阶怨》:

玉阶生白露,夜久侵罗袜。
却下水精帘,玲珑望秋月。

按中国古代的以含蓄为美的审美标准,李白这首诗纯用形象说话,其中包括了"玉阶"、"白露"、"水精帘"、"秋月"等色调一致的形象,加上"生"(表现时间过程)、"侵"(表现人物的感觉)、"下"(表现人物的动作)、"望"(表现人物的感情)等几个动词的配合,就把怨妇的思念之情具体地传达出来了,始终没有用"思"与"怨"这样的字眼。说"思"却不用"思"字,说"怨"却不用"怨"字。这样,李白的诗虽然与谢朓的诗传达同一旨意,但"品质"的高远更胜一筹。到此为止,我们的阅读还只是在诗的内部进行,没有超出诗的语言文字的内部,这就是所谓的"品质阅读"。不难理解,"品质阅读"只属于语言和审美的范畴。对于"文学-文化"阅读来说,仅有"品质阅读"还是不够的。我们的解读还必须从艺术文本走向社会文化,这就是"价值阅读"的事情了。

2."价值阅读"

"价值阅读"则表示阅读者"试图尽可能敏锐和准确地描述出他

在作品中所发现的价值"①。简要地说,"价值阅读"就是通过作品的阅读、理解发现作品的价值意义,尤其是其中的文化意义。发现文学所负载的文化意义,其基本途径就是要"价值阅读"。上面两首怨妇诗对于不了解中国古代民族文化的人,是不容易发现它们的特有的文化内涵的。在中国古代长期的封建社会中,妇女(包括贵族妇女)是没有地位的。儒家正统思想是所谓的"夫为妻纲",所谓"在家从父,出嫁从夫,夫死从子",特别是丈夫乃是妻子的依靠,能不能伺候好丈夫成为那时妇女价值是否实现的标准。丈夫外出不归,唯有苦苦思念才是妇女的美德的体现。但妇女又往往无法表达自己的情怀,所以思妇诗、怨妇诗成为诗人替妇女代言的一种艺术形式。另有一层意思,封建社会的知识分子经常是怀才不遇的,自己怀着满腔的热情和一身的本事,却不被赏识,得不到重用。这样贵族妇女思念丈夫又成为他们自身希望效忠朝廷的一种象征和比喻,这也是中国古代文化所特有的现象。这就是说,思妇诗、怨妇诗有着两层的文化意义。

需要说明的是,"价值阅读"只是发现作品中的文化内涵,不是价值评判。就是说,通过"价值阅读"只是发现文化内涵的有或没有,如果有的话,又是什么,不是评论其中的好与不好。

作为发现作品文化内涵的"价值阅读",常会给予习见的作品以新的解读。例如朱自清的散文《背影》,是大家都熟悉的。一般的分

---

① 参见理查德·霍加特:《当代文化研究:文学与社会研究的一种途径》,《当代西方艺术文化学》,北京大学出版社,1988年版,第35页。

析认为这篇作品写出了父子之间深厚的感情。但季羡林先生的文化解读就别是一样。他说:"要想真正理解这一篇文章的涵义不能不从中华民族的文化、中华民族的历史谈起。"他认为中华民族的伦理道德是讲处理人际关系的"和"的精神。《背影》所表现的就是三纲之一的父子这一纲的真精神。中国一向主张父慈子孝。在社会上孝是一种美德。……然而在西方呢?拿英文来说,根本就没有一个与汉文'孝'字相当的单词,要想翻译中国的'孝'字,必须绕一个弯子,译作 Filial/riety,直译就是'子女的虔诚'。你看罗嗦不罗嗦!"① 季先生从文化视角的分析挖掘出作品的文化蕴含,是很有意味的。

(三)文学与其他文化形态的互动关系

人类的精神文化有多种多样的形态,其中主要的有语言、神话、宗教、艺术、科学和历史等。通过这多种多样的文化形态展现人性的各个"扇面"。文学作为一种文化形态与其他各种文化形态有着密切的互动关系。我们通过文学与其他文化形态的互动关系的论述,既可以了解文学作为一种文化形态与其他文化形态的联系,又可以在比较中凸现文学作为一种文化形态的特点。关于文学与其他文化形态的关系,可以作许多研究,够写许多书,限于篇幅,这里仅就文学与科学文化、文学与历史文化、文学与其他艺术文化的关系作扼要的说明。

---

① 季羡林:《读朱自清"背影"》《季羡林散文全编》三,中国广播电视出版社,1999年版,第184—185页。

1. 文学与科学文化

文学(包括艺术)与科学文化(我们这里指的自然科学)是不同的。文学的中心问题首先是人、人的感受、情感、愿望和理想。科学的中心问题则主要是自然世界,科学也研究人自身,但在科学中,尤其在自然科学中,人主要作为一种自然对象而进入科学的视野。文学和科学都要揭示世界的奥秘:文学要揭示的是人的心灵方面的、情感的奥秘,科学揭示的是自然方面的奥秘。文学偏重感性,科学偏重理性。文学与科学都追求真与美,但文学追求的真主要是人的情感的真,科学则追求客观世界规律的真;科学在必须选择时,它选择真而"牺牲"美,文学则在真与美二者中永不可作单一的选择。文学要求真、善、美的统一。

但是文学(包括艺术)与科学文化又有着密切的联系和相互促进的关系。包括文学在内的艺术文化与科学文化都是人类智慧的结晶,它们之间的关系是无法截然分割的。艺术文化可以增强人的人文素质,从而促进科学的发展;科学文化则增强人的科学素质,而给艺术文化以推动的力量。诺贝尔奖得主著名科学家李政道在最近一次的"科学与艺术研讨会"上曾介绍1950年代美国和苏联空间技术的竞赛,结果苏联于1957年11月把人类第一颗人造地球卫星送上天。美国自认为是20世纪科学技术第一大国,这一下举国感到耻辱,开始进行反省。10年后,一些教育家提出了这样的观点:美国的科学教育是先进的,但艺术教育落后。也即两国科技人员不同素养导致了美国空间技术的落后。俄国人说,他们仅仅贡献出一个列夫·托尔斯泰,19世纪的俄国人就无愧于世界。更何况他们还有普希金、屠格涅夫、契诃夫等。此外还有那么多的画家和音乐家。李政道提出：

> 我想，现在大家可以相信科学和艺术是不可分割的。她们的关系是智慧和情感的二元性密切关联。伟大艺术的美学鉴赏和伟大科学观念的理解都需要智慧。但是随后的感受升华和情感又是分不开的。没有情感的因素，我们的智慧能够开创新的道路吗？没有智慧，情感能够达到完美的成果吗？它们很可能是的确不可分的。如果是这样，艺术和科学事实上是一个硬币的两面。它们源于人类活动的最高部分，都追求着深刻性、普遍性、永恒和富有意义。①

这就是说，艺术文化与科学文化虽然有感性与理性之分，但都是人类智慧的结晶，它们在塑造人的素质这个根本点上是相通的。对于艺术文化来说，科学文化以它的理性智慧的知识性和深刻性塑造了文学家，进而促进了艺术文化的发展，科学技术的进步总是从某些方面启示艺术文化的开展。反之，包括文学在内的艺术文化以它的情感智慧，影响科学家的精神世界，给科学的发展带来感受力、情感力、想象力和创造力等，从而促进科学技术文化的发展。文学与科学永远是关联在一起的。文学与科学一样参与了开发世界的统一过

---

① 见《中国青年报》1999年6月10日第5版《科学与艺术——一个硬币的两面》一文。

程。文学与科学有着共同的根。人类既要珍惜科学真理,也要珍惜艺术真理。文学与科学是难分轩轾高下的。科学为自然立法,文学艺术为人生立法。科学文化是自然之根,文学艺术是人生之根。在科学面前,文学艺术绝不是可有可无的东西。美国著名诗人惠特曼认为,诗、艺术"应当表现科学赋予人和宇宙的广袤、光彩和现实感……在诗的美中,有科学献的花束和最终的鼓掌"①。

2. 文学与历史文化

文学(包括艺术)作为一种文化形态与历史文化的关系也是值得重视的。早在古希腊时期,亚里士多德就对文学与历史进行过比较,他说:

> 诗人的职责不在于描述已发生的事,而在于描述可能发生的事,即按照可然律或必然律可能发生的事。历史家与诗人的差别不在于一用散文,一用"韵文";希罗多德的著作可以改写为"韵文",但仍是一种历史,有没有韵律都是一样;两者的差别在于一叙述已发生的事,一描写可能发生的事。因此,写诗的这种活动比写历史更富于哲学意味,更被严肃的对待;因为诗所描述的事带有普遍性,历史则叙述个别的事。所谓"有普遍的事"指某一种人,按可然律或必然律,会说的话,会行的事,诗首先追求这目的,然后才给人物起名字;至于"个别的事"则是指亚尔西巴

---

① 转引自赵颜衡《新批评》,中国社会科学出版社,第6页。

德所作的事或所遭遇的事。①

也许由于当时西方的历史只是大事记的缘故,在上面这段话中,亚里士多德贬低"历史",认为历史只是描写"个别的事",不能达到对事物的规律性的把握;他抬高"诗",认为诗才描写"普遍的事",也才能有"哲学意味"。这种看法当然是有片面性的。但他肯定文学可以达到对于事物的普遍的认识,具有哲学意味,这种看法是经得起历史检验的。中国人对文学与历史的看法更全面一些。最古老的诗被称为《诗经》,最古老的历史《春秋》也被视同"经"。鲁迅称屈原的《离骚》"逸响伟辞,卓绝一世",同时又赞美司马迁的《史记》为"史家之绝唱,无韵之离骚"。不要在文学与历史两种文化形态中去分高下。若按这种看法是符合实际的。

事实上,文学重虚构,重情感,重诗意。历史重真实,重事实,重理智。它们是两种不同的文化形态,这是应该加以区分的。所谓"文之与史,较然异辙"②。"《神曲》、《哈姆雷特》、《堂·吉诃德》、《少年维特之烦恼》、《人间喜剧》等作品以各自不同的方式,象征性地再现了人类的条件;这并不等于说,它们和人们通常认同的所有颇具象征意义的文学创作一起,完全忠实地刻画了人类历史上极具代表意义

---

① 亚里士多德:《诗学》,见《诗学·诗艺》,人民文学出版社,1962年版,第28—29页。
② 刘知几:《史通·核才》。

的一页,即使是'西方'历史的一页。"①这里,我们就历史的叙述与文学的叙述的关系,作一点分析。我们的看法是,一般的叙事与文学叙事从理论上必须予以区分。一般的叙事的要素是被叙述的"事"、叙述作者和叙述方式。也就是我们前面所说的,"叙事"是叙述作者以一定的方式陈述事情的变化的次序和始终。在这个过程中,叙述作者必须保持客观的态度,以使所叙述的事情能以本来的面貌传达给听众或读者。文学叙事与一般叙事不同之处,有的学者认为主要在叙述"口吻"的不同,如美学学者浦安迪认为:我们面对叙事文时,"常常会感觉到至少有两种不同的声音存在,一种是事件本身的声音,另一种是讲述者的声音,也叫'叙述人的口吻',叙述人的'口吻'有时要比事件本身更重要。陈寿的《三国志》、罗贯中的《三国演义》和无名氏的《全相三国志平话》都在叙述三国的故事,但谁也不会否认它们是三本截然不同的书。这不仅因为它们各自不同的哲学深度,显示出不同的艺术质量,体现出不同的时代精神,而且它们更是三种不同的'叙述人的口吻',陈寿用的是史臣的口吻,罗贯中用的是文人小说家的口吻,而无名氏用的是说书艺人的口吻"②。这种说法是不错的。史学家叙事用史学家的"口吻",文学家叙事用文学家的"口吻"。但是我们认为在"口吻"后面还有更深层的东西,这就是叙述人"情感"投入的区别。一般来说,史家的叙述为了保持事件的客观面貌、减少主观性,他们要尽量控制自己的感情,甚至尽可能不投入感情。

---

① 史忠义、田庆生译:《问题与观点——20世纪文学理论综论》,百花文艺出版社,2000年版,第149页。
② 浦安迪:《中国叙事学》,北京大学出版社,1998年版,第14页。

但是在文学叙事中,叙述人的感情投入是一个明显的标志。我们可以说,夹带着感情的叙事是文学的叙事,不夹带着感情的叙事是史学的叙事。诗意的感情不但是文学叙事的动力,还是文学叙事的融合力和评价力。就是说,在文学叙事的始终都贯穿着叙事人的诗意感情。没有诗意感情也就没有文学叙事。例如,司马迁的《史记》,被鲁迅称为"史家之绝唱,无韵之离骚"。不错,《史记》是历史著作,具有独特的史学的编排体系,也具有相当的客观性,其史学价值是巨大的;但是它又是一部伟大的叙事文学作品。这不但表现在"纪传"中叙述的"口吻",更表现在感情的投入。众所周知,司马迁是在为李陵说情而遭受了残酷的宫刑后,忍着常人无法忍受的耻辱而开始他的《史记》写作的,内心悲愤是溢于言表的。他在《报任安书》中表露他的心境:"是以肠一日而九回,居则忽忽若有所亡,出则不知所如往。每念斯耻,汗未尝不发背沾衣也。"在这种痛苦中,他"隐忍苟活。函粪土中而不辞者,恨私心有所不尽,鄙没世而文采不表于后也"。他由"发愤"而著书,正是"发愤"的感情,成为他叙事的动力;而且由于他"意有所郁结",不能不像屈原那样将自己的感情投射到他所叙述的历史故事中去,借人物之口,说出自己心中不得不说的话,对于他笔下的人物也不可能完全纯客观地描写,也总会有他的感情的评价。他在《屈平贾生列传》中这样评价屈原:"屈平疾王听之不聪也,谗谄之蔽明也,邪曲之害公也,方正之不容也,故忧愁幽思而作《离骚》。《离骚》者,犹离忧也。夫天者,人之始也;父母者,人之本也。人穷则反本,故劳苦倦极,未尝不呼天;疾痛惨怛,未尝不呼父母也。屈平正道直行,竭忠尽智以事其君,谗人间之,可谓穷矣。信而见疑,忠而被谤,能无怨乎?屈平之作《离骚》,盖自怨生也。《国风》好色而不淫,《小雅》怨悱而不乱。若《离骚》者,可谓兼之矣。……其文约,其辞微,其志洁,其行廉,其称文小,而其指极大,举类迩而见义远。其志洁,故其称物芳。其行廉,故死而不容。自疏濯淖污泥之中,蝉蜕于浊秽,以浮游尘埃之外,不获世之滋垢,皭然泥而不滓者也。推此志也,虽与日月争光可也。"①在这里,我们不但听到了屈原的声音,更多的是听到了叙事人司马迁自己的声音。他这样赞美屈原及其作品,与司马迁自身的遭遇不无关系,与屈原感情的共鸣不无关系。所以我们看到,在叙述人"口吻"后面是叙述人的感情。正是在这个意义上,我们才可以说文学叙事与一般的叙事相比,感情的介入是一个明显的特征。刘知几认为《左传》的叙述夹带着鲜明浓烈的感情。据此我们可以说,《左传》是中国文学叙事的第一部伟大的著作。在《左传》之后,又一部伟大的文学叙事作品则是司马迁的被称为"无韵之离骚"的《史记》。《史记》是"发愤"之作,像明代的小说《水浒传》完全继承《史记》的传统,也是"发愤"之作,即其叙述的动机、叙述事件的发展、人物命运的变化,无不夹带着感情。关于这一点,晚明思想家李贽说得非常清楚:

> 太史公曰:"《说难》、《孤愤》,圣贤发愤之所作也。"由此观之,古之圣贤,不愤则不作矣。不愤而作,譬如不寒而颤,不病而呻吟也。虽作何观乎?《水浒传》者,发愤之所作也。盖自宋室

---

① 司马迁:《史记·屈原贾生列传》。

不竞,冠履倒施,大贤处下,不肖处上。驯致夷狄处上,中原处下,一时君相犹然处堂燕鹊,纳币称臣,甘心屈膝于犬羊已矣。施、罗二公身在元,心在宋,虽生元日,实愤宋事。是故愤二帝之北狩,则称大破辽以泄其愤,愤南渡之苟安,则称灭方腊以泄其愤。敢问泄愤者谁乎?则前日啸聚水浒之强人也,欲不谓之忠义不可也。是故施、罗二公传《水浒》而复以忠义名其传焉。①

《史记》与《水浒》一脉相承,都在叙事中有强烈的感情观照。《史记》是史文的代表作,《水浒传》则是明清小说的代表作。它们之间的联系是"叙事夹带着感情"的联系。

但是我们应该认识到的是,无论历史还是文学,都可以达到对事物的普遍性的揭示。就历史而言,辨证法表明:历史路径是螺旋型上升的,每一种社会形态(如历史人物、历史事件、历史行为等)都可能在低级阶段和高级阶段重复若干次,因而在不同的历史阶段,常常会发生惊人相似的人物与事件,亦即"在高级阶段上重复低级阶段的某些特征、特性等等"(列宁)。这种在不同历史阶段上出现的相似点,就是沟通历史和现实的桥梁,从而具有普遍性。就文学而言,并不因其虚构性而丧失真实性和普遍性。就文学所反映的现实生活层面来说,它能深入到现实的底层,达到对现实生活的本质规律的揭示。马克思、恩格斯对狄更斯、巴尔扎克等现实主义艺术家的评价,认为他们的作品包含了某些真理性的东西,甚至超过了当时某些经济学家

---

① 李贽:《忠义水浒传序》。

的研究水平,就是从这个意义上说的。列宁说"列夫·托尔斯泰是俄国革命的一面镜子",又说"如果我们看到的是一位真正伟大的艺术家,那么他就一定会在自己的作品中至少反映出革命的某些本质方面"①。

英国18世纪现实主义小说家菲尔丁在评论塞万提斯的《堂·吉诃德》时,更把这种意义上的文学的普遍性揭示得淋漓尽致。他说:

> 难道记载著名的堂·吉诃德的业绩的书,比起甚至像玛利安那(文艺复兴时期西班牙神学家,著有《西班牙史》——引者)的著作,不是更合乎历史的称号么?玛利安那的历史局限于某一时期、某一国家,而《堂·吉诃德》则是一部世界通史,至少可以算是法律、艺术、科学的文明世界的历史,而它的时代则包括从有文明起直至今天,不仅如此,还包括将来,直到文明消失的时候为止。②

如果我们的看法全面一些的话,那么我们可以说,历史中有文学,文学中有历史,文学与历史作为两种文化各有不同的个性和特点,但它们又是相通的。文学与历史不但是相通的,而且它们之间具有互动关系。历史为文学提供创作的题材,使文学开辟了一个重要

---

① 列宁:《列夫·托尔斯泰是俄国革命的镜子》,《列宁论文学与艺术》,人民文学出版社,1983年版,第201页。
② 菲尔丁:《约瑟·安德鲁传》见《欧美古典作家论现实主义和浪漫主义》一,中国社会科学出版社,1980年版,第240页。

的方面,文学与历史"联姻"后产生的历史剧、历史小说、历史故事等大大丰富了文学的世界。文学又反过来丰富历史,历史书中所缺少的细节和情感,都可以在文学中寻找到,所以人们把规模宏大的文学篇章称为"史诗"或"百科全书"。例如在《红楼梦》中,对中国古代社会场景、等级制度、交往礼仪、风气习俗、人物心理、建筑工艺、饮食穿着等各种具体细微的真实描写,在一般的历史著作中是很少见的。这样,它的真实的活生生的细节描写,就成为历史的重要补充。

3. 文学与其他艺术文化

在艺术文化中,有许多种类。文学、绘画、音乐就是其中最古老最重要的三种。绘画以线条、色彩描绘世界,作用于人的视觉,是视觉艺术。音乐以声音、韵调抒发人的情感,作用于人的听觉,是听觉艺术。文学以语言描写世界,作用于人的想象,是语言的艺术。这几种艺术的区别,早就成为一个文艺理论的话题。最为著名的是18世纪德国学者莱辛的《拉奥孔》或称《论画与诗的界限》,他说:

> 我的结论是这样:既然绘画用来摹仿的媒介符号和诗所用的确实完全不同,这就是说,绘画用空间中的形体和颜色而诗却用时间中发出的声音;既然符号无可争辩地应该和符号所代表的事物互相协调;那么,在空间中并列的符号就只宜于表现那些全体或部分本来也是在空间中并列的事物,而在时间中先后承续的符号也就只宜于表现那些全体或部分本来也是在时间中先

后承续的事物。①

莱辛的意思是绘画用的是自然的符号,所以它适合于表现在空间中并列的事物,适合于表现静态的事物,如若要表现动态的事物,就要选择最富于生发性的顷刻;而诗用的是语言符号,所以适合于表现前后持续的事物,适合于表现动态的事物。这些意见揭示了各种艺术之间的区别,值得重视。

但是,文学、绘画、音乐等艺术文化又有共同性,这是人们很早就观察到了的。例如古希腊西蒙尼底斯(公元前 556—496)就说过:"画是无声诗,诗是有声画。"中国宋代苏轼也说过:"味摩诘之诗,诗中有画;观摩诘之画,画中有诗。"②他们的意思都在强调艺术文化的相通处。的确,无论文学,还是绘画、音乐,在追求诗意、描绘形象、传达情感和动人心魄这几点上是大体相同、相通的。因为有这种相同和相通,所以我们常常可以看见从一种艺术转为另一种艺术的现象,如诗转化为画,画又转化为诗,诗转化为音乐,音乐转化为诗。

更进一步看,各种艺术不但是相通的,又是互动的。一般地说,文学的特点是善于传达人的情意和思考,影响到绘画、音乐,可以使绘画与音乐获得深刻的思想。绘画的特点是善于描绘空间形象,作用于诗歌和音乐,可以使诗歌和音乐增强形象性。音乐的突出特点是它的节奏性,作用于诗歌与绘画,可以使诗歌和绘画增强节奏感。

---

① 莱辛:《拉奥孔》,人民文学出版社,1982 年版,第 82 页。
② 苏轼:《东坡题跋·书摩诘蓝田烟雨图》。

总之,各门艺术可以相互配合、阐发、影响和补充。我国最古老的诗歌总集《诗经》,既是诗,又是音乐,因为三百零五篇诗都是可以合乐歌唱的,有的还配以"舞容"。汉代的乐府诗原是各地的民歌,六朝时期的文论家刘勰论到"乐府"诗时候说:"诗为乐心,声为乐体"①,意思是诗是音乐的心灵,声调是音乐的体式。诗与音乐相互为用。诗与画的互动关系集中体现在它们可以相互转化。诗可以转化为画,画也可以转化为诗。例如中国艺术历来讲究"诗情画意",诗情可以转化为画意,画意也可以转化为诗情。如宋代画院考试时就曾以"野水无人渡,孤舟尽日闲"、"踏花归去马蹄香"等诗句为题,要求考生在绘画的二维空间画出时间。但这些都没有难倒考生,如有一考生画"踏花归去马蹄香",以夕阳和野花为背景,画一书生骑马缓缓走来,几只蝴蝶围着马蹄飞舞。这就把"归来"的动态,和属于嗅觉的"香"都通过画面体现出来了。宋代画院之所以难不倒考生,是因为诗与画有着天然的联系。

---

① 刘勰:《文心雕龙·乐府》。

第三章 文学是审美意识形态

如果我们把文学放置于"人性"的原野,那么文学是人类一种文化形态。但是如果我们把文学放置于社会结构的范围,那么文学是社会结构中的一种审美意识形态。本章我们将着重论述文学作为社会意识形态的一般性质,进一步申说文学与人类的审美活动的关系,最后则将说明文学是审美意识形态之一种。

一、文学是一种社会意识形态

同以前的种种关于文学的观念不同,马克思、恩格斯从历史唯物主义的观点出发,把文学界定为社会意识形态。马克思1859年撰写的《〈政治经济学批判〉序言》一文,最早地把包括文学在内的"艺术"纳入"意识形态"中,并作出了经典性的表述。但更为通俗易懂的表述则是之于恩格斯《在马克思的墓前的讲话》中:

> 正像达尔文发现有机界的发展一样,马克思发现了人类历史的发展规律,既历来为繁茂芜杂的意识形态所掩盖的一个简单事实:人们首先必须吃、喝、住、穿,然后才能从事政治、科学、艺术、宗教等等;所以,直接的物质生活资料的生产,因而一个民族或一个时代的一定的经济发展阶段,便构成为基础,人们的国家制度、法的观点、艺术以至宗教观念,就是从这个基础上发展起来的,因而,也必须由这个基础来解释,而不是像过去那样做的相反。①

自马克思建立了人类社会的系统理论,并确定了艺术(包括文学)在人类社会系统坐标中的位置,指出文学是社会的经济基础上的一种社会意识形态以后,文学与社会的关系才得到科学的阐释。

(一) 文学源于生活

我们要弄清楚文学是一种社会意识形态,那么首先就要弄清楚作为社会意识形态的文学是从哪里来的问题,即文学的源泉的问题。对于这个问题无论古代的中国还是西方都有过朴素唯物主义的回答。大约成书于战国末年西汉初年的《礼记·乐记》说:

> 凡音之起,由人心生也。人心之动,物使之然也。感于物而动,故形于声;声相应,故生变;变成方,谓之音;比音而乐之,及

---

① 《马克思恩格斯选集》第3卷,人民出版社,1972年版,第574页。

干戚羽旄,谓之乐。

这里的"乐"不等于我们今天的音乐,而是诗歌、音乐、舞蹈结合体的统称。显然,在《乐记》的作者看来,乐的产生是客观外界("物")作用于人心的结果,其本源在于客观存在的事物。由于外物的刺激,人心产生感动,由于感动而发出不同的声音,各种声音的相互应和、变化,加之身体的动作,这就产生了诗歌、音乐和舞蹈三位一体的艺术。这样,《乐记》就给我们描画了一个艺术产生过程的图式:物→心→乐。这个图式显然含有朴素的反映论思想。其后刘勰的《文心雕龙·明诗》说:"人禀七情,应物斯感,感物吟志,莫非自然。"钟嵘在《诗品》中说:"气之动物,物之感人。故摇荡性情,形诸舞咏。"他们把《乐记》的思想推进了一步,提出了"物感"论。这种"物感"论强调人的性情在"物"的作用下的"感悟"、"摇荡",然后形成艺术的心理机制。清代著名小说评点家金圣叹在《水浒传序三》中这样谈到《水浒传》作者施耐庵:

《水浒》所叙,叙一百八人,人有其性情,人有其气质,人有其形状,人有其声口。夫以一手而画数面,则将有兄弟之形;一口而吹数声,斯不免再映也。施耐庵以一心所运,而一百八人各自入妙者,无他,十年格物而一朝物格,斯以一笔而写百千万人,固不以为难也。

所谓"格物"就是探讨人情物理的来龙去脉,即事物的规律。所谓"物格"就是对人情物理来龙去脉和事物发展规律的掌握。《礼记·大学》云:"致知在格物,物格而后知。"金圣叹称赞施耐庵"十年格物而一朝物格",就是认为施耐庵由于长期观察、体验生活,因为对生活了如指掌,把握住了生活的来龙去脉,因此他自己虽然不是"淫妇、偷儿",但"写淫妇居然淫妇,写偷儿居然偷儿",写什么人物,就能过什么人物的生活,就能逼真地写出什么人物的性情、气质、形状、声口。这样金圣叹就认为一个文学叙事的能手,首要的条件是要善于观察、体验生活。施耐庵由于是"格物君子",所以他才能在他的《水浒传》中,真正进入到人物的内心世界中去,才能栩栩如生地塑造出一百零八个人物的性格,并写出他们各自生活的内在发展轨迹。金圣叹称"天下之文章,无有出水浒右者,天下之格物君子,无有出施耐庵先生右者"①。张竹坡对于金圣叹的"十年格物"说,也有发挥。他在《金瓶梅读法》中也说:"作《金瓶梅》者,必曾于患难穷愁、人情事故,一一经历过,入世最深,方能为众脚色摹神也。"所谓"一一经历过,入世最深",也就是对生活有最深入骨髓的了解和认识,有了这种认识,才能准确地写出生活固有的轨迹来。《红楼梦》作者曹雪芹也借人物之口说"世事洞明皆学问,人情练达即文章",也是强调对人情物理的深入把握,是创作叙事文学的前提。在西方,从亚里士多德起一直到19世纪的俄国的文学批评家,都主张文学对生活的摹仿、再现的观点,影响是深远的。毫无疑问,前人的这些探讨都是有价值的。马克思主义的文学源于生活的理论是对前人理论的完善、开掘、

---

① 金圣叹:《水浒传序三》。

发展和改造。

马克思主义用反映论来解答文学的源泉问题。马克思、恩格斯根据"人们的社会存在决定人们的意识"①的基本观点指出："观念的东西不外是移入人的头脑并在人的头脑中改造过的物质的东西而已。"②这样,马克思、恩格斯认为"意识一开始就是社会的产物,而且只要人们还存在着,它就仍然是这种产物"③。这就是说,社会生活是客观的真实存在,而意识是它在人的头脑中的反射和回声。这一看似简单实则十分深刻的基本原理为解决文学的源泉问题奠定了可靠的理论基础。毛泽东正是在这一理论的基础上,考察了文学与社会生活的关系,然后鲜明地提出:

> 一切种类的文学艺术的源泉究竟是从何而来的呢?作为观念形态的文艺作品,都是一定的社会生活在人类头脑中的反映的产物。革命的文艺,则是人民生活在革命作家头脑中的反映的产物。人民生活中本来存在着文学艺术原料的矿藏,这是自然形态的东西,是粗糙的东西,但也是最生动、最丰富、最基本的东西;在这一点上说,它们使一切文学艺术相形见绌,它们是一切文学艺术取之不尽、用之不竭的唯一的源泉。这是唯一的源

---

① 马克思:《〈政治经济学批判〉序言》,《马克思恩格斯选集》第2卷,人民出版社,1972年版,第82页。
② 马克思:《〈资本论〉第一卷第二版跋》,《马克思恩格斯选集》第2卷,第217页。
③ 马克思、恩格斯:《德意志意识形态》,《马克思恩格斯选集》第1卷,第35页。

泉,因为只能有这样的源泉,此外不能有第二个源泉。①

毛泽东对文学艺术源泉的论述至今仍然是正确的。在这里,特别引起我们注意的是,为什么他把社会生活看成是文学艺术的唯一的源泉?对此,我们应该有这样的认识:第一,之所以说社会生活是文学艺术的唯一源泉,是因为除了社会生活这个源泉之外,再不可能有第二个源泉了。古代的、外国的文学艺术作品,也能供作家创作时借鉴和利用,但过去的文艺作品是"流",不是"源",是古人和外国人根据彼时彼地生活创造出来的东西;第二,之所以说社会生活是文学艺术的唯一源泉,是因为文学作品中的一切因素都来自生活,文学的题材、主题、情景、人物、情节、结构、语言和技巧等都来自生活或生活的赐予、暗示和启发,写实的与虚构的、曲折的与直线的、离奇的与平淡的、抒情的与非抒情的、崇高的与渺小的、悲的与喜的、幽默的与滑稽的、模糊的与鲜明的、豪放的与婉约的、严谨的与松散的……统统来自生活的赐予、暗示和启发。

具体到创作,那么作家对生活是否熟悉,就变得十分重要。熟悉的生活才能从作家的笔尖下流出来,熟悉的生活才能写得真切生动。生活于明末清初的学者、诗人王夫之认为,对于诗人而言,"身之所历,目之所见,是铁门限"。② 经历过的生活才是作家最宝贵的生活素材。鲁迅也说:

---

① 毛泽东:《在延安文艺座谈会上的讲话》,《毛泽东选集》第3卷,人民出版社,1991年版,第817页。
② 王夫之:《夕堂永日绪论·内编》。

作者写出创作来,对于其中的事情,虽然不必亲历过,最好是经历过。诘难者问:那么,写杀人最好是自己杀过人,写妓女还得去卖淫么?答曰:不然。我所谓经历,是所遇,所见,所闻,并不一定是所作,但所作自然也可以包含在里面。天才们无论怎样说大话,归根结蒂,还是不能凭空创造。描神画鬼,毫无对证,本可以专靠了神思,所谓"天马行空"似的挥写了,然而他们写出来的,也不过是三只眼,长颈子,就是在常见的人体上,增加了眼睛一只,增加了颈子二三尺而已。这算什么本领,这算什么创造?①

鲁迅的意思是,文学作品中的一切,包括那些极富想象而创造的离奇的形象,也与生活相关,也是作家经历过的生活的一种变形或变态。生活是文学的源泉,文学永远离不开生活。

我们说文学永远离不开生活,生活是文学的源泉,还有一层意思,那就是文学要随着生活的变化而变化。生活变了,文学就要跟着变。例如我国的历史进入"新时期",那么文学也不能无视新时期的变化。王蒙在"新时期"开始后不久的1983年意识到生活发生了很大的变化,就提出了文学如何去追赶新时期的生活的变化问题。他说:

---

① 鲁迅:《叶紫作〈丰收〉序》,《鲁迅全集》第6卷,人民文学出版社,1959年版,第175页。

怎样来加强我们作品的历史感和时代感,怎样更好地反映新时期的社会现实和人民精神状况的改变。我们的历史发展已经进入了一个新时期。新时期的变化是逐渐的、不易觉察的,不像过去搞一个运动,变化那么猛烈。实际上我们的生活已经发生了非常巨大的变化,农业上的,工业上的。还有知识分子政策、华侨政策、外交政策,很多政策都有调整,都有变化,出现了建国以来、甚至是中国近代史少有的、稳定的发展时期,政治方面,生产、生活、教育、科学方面逐渐发展,进入了一个全国人民搞现代化、想现代化这样一种局面……①

王蒙的这些话是识时务的,看起来是老生常谈,却是永远新鲜的。当然生活不会在"新时期"停留下来,它变化着、发展着,于是又有了什么"后新时期"的说法。从"新时期"以来20年过去了,生活发生了更加巨大的变化,社会生活的面貌就像我们多年前一个熟悉的城市那样,变得认不出来了。文学的活力来自它永远追随着生活。生活有多新,文学也有多新。生活永远是文学的根。

(二) 文学改造生活

既然社会生活是文学艺术的源泉,那么文学艺术就是对社会生活的反映。当然这里必须强调的是,文学是社会生活的反映,但文学

---

① 王蒙:《小说创作要更上一层楼》,《王蒙文集》第七卷,华艺出版社,第247—248页。

不等于社会生活本身。社会生活必须经过作家头脑的能动的观察、体验、研究、感悟、反映、加工、提炼和描写,一句话,经过艺术的改造,才能转化为文学。在这个过程中,文学创作者的主观精神世界,起着巨大的作用。我们决不可把文学对生活"反映"视为机械的复制和刻板的摹写。必须承认作家主观世界对生活的能动改造。辩证唯物主义和机械唯物主义的根本分歧就在于承认不承认文学是对生活的加工和改造。马克思在《关于费尔巴哈的提纲》中说:

> 从前的一切唯物主义—包括费尔巴哈的唯物主义主要的缺点是:对事物、现实、感性,只是从客体的或直观的形式去理解,而不是把它们当作人的感性活动去理解,不是从主观方面去理解。①

马克思这里谈的是哲学,他认为我们对事物的理解,既要从客观的方面去理解,同时又要从人的主观的方面去理解,因为事物一旦成为人的认识对象,就不能与人的主观无关。这个思想对于我们理解"文学反映生活"是十分重要的。就是说,文学对生活的反映不是消极的、被动的摹写,而是积极的、能动的感悟。就现代而言文学创作也是人的一种生产实践。人的生产实践是人的本质的展开。马克思早就说过:"动物只是依照它所属的物种的尺度和需要来进行塑造,而人则懂得按照任何物种的尺度来进行生产,并且随时随地都能用

---

① 《马克思恩格斯选集》第1卷,人民出版社,1972年版,第91页。

内在的尺度来衡量对象;所以人也按照美的规律来塑造。"①在这里,马克思把人的主观能动性,即人能按照自觉的动机、需要和美的规律进行生产(其中包括艺术的生产),作为人区别于动物的基本标志。为什么人会有这种自觉的能动性呢?这是因为人类的头脑是一种高度严密复杂的物质体系,它是在长期的社会实践中发展和完善起来的,是几千年人类文明积淀的结果。所以,作为人脑的机能,在反映认识世界时,就不会简单地机械地摹写世界,人脑以它的机能积极地介入世界、改造世界。

在文学创作中,作家的"心"与外在的"物"是互动的。这一点,六朝时期的刘勰早就有过十分精辟的论述,他说:

> 是以诗人感物,联类不穷。流连万象之际,沈吟视听之区;写气图貌,既随物以宛转;属采附声,亦与心而徘徊。②

这意思是,诗人对外物的感受,所引起的联想与类比是无穷无尽的。流连玩赏于万种景象之中,吟味体察于各种看到和听到之间;描写事物的神情和外貌,要随着景物曲折回旋,运用辞藻和音调则要联系自己的心情来回斟酌。刘勰在这里提出的"心物交融"说,对于作家如何来感受和描写生活,有重要的意义。王元化先生在解释刘勰此说时指出:"'与心徘徊'显然是与'随物宛转'相对而提出来的。

---

① 马克思:《1844年经济学哲学手稿》,人民出版社,1979年版,第50—51页。
② 刘勰:《文心雕龙·物色》。

'物'可解释作客体,指自然对象而言。'心'可解释作主体,指作家的思想活动而言。'随物宛转'是以物为主,以心服从于物。换言之,亦即以作为客体的自然对象为主,而以作为主体的作家思想活动服从于客体。相反的,'与心徘徊'却是以心为主,用心去驾驭物。换言之,亦即以作为主体的作家思想活动为主,而用主体去锻炼,去改造,去征服作为客体的自然对象。"①这种解释是符合刘勰的本义的,并深刻说明了作家在反映生活时,一方面是主体受客体制约,另一方面则是客体也受主体的驾驭,这里"制约"与"驾驭"是相反相成的。德国19世纪古典作家歌德对文学与生活的关系也有辩证的理解,他说:

> 艺术家对于自然有着双重的关系:他既是自然的主宰,又是自然的奴隶。他是自然的奴隶,因为他必须用人世的材料来进行工作,才能使人了解;他也是自然的主宰,因为他使这种人世的材料服从他的较高的意旨,并且为这较高的意旨服务。艺术要通过一种完整体向世界说话。但是这种完整体不是他在自然中所能找到的,而是他自己的心智的果实,或则说,是一种丰产的神圣的精神灌注生气的结果。②

在歌德的论述中,批判了当时德国流行的两种错误的思想倾向,

---

① 王元化:《文心雕龙创作论》,上海古籍出版社,1979年版,第74页。
② 《歌德与爱克曼的谈话》,《西方文论选》上卷,上海译文出版社,1979年版,第474页。

一种是单纯地"追求理性"而不顾现实的倾向,一种是所谓"妙肖自然"而不顾主体的倾向,清楚地表明作家反映生活又以主观锻炼生活的辨证态度,即作家对现实的反映,是一种掺和着自己生命液汁的、能动的、创造性的反映。

中国当代作家也深知文学对生活的反映不是刻板的复制,而是变了形、变了态的一种描写。王蒙说:

> 小说来自生活,它有生活的影子,有生活的气息,但它不是生活的复制。面包来自小麦,小麦来自泥土,但三者互有质的区别;当人们为一块面包是否烤得好而忧虑、而争执的时候,大可不必组织土壤学家去考察麦地。而写小说的人只要不是一个卑劣的恶棍,总不会利用小说攻击某个人、某个单位;同时我们也可以相信,企图挟嫌泄愤的恶棍一般不会写出什么像样的小说来吧![1]

王蒙的小说《组织部新来的年轻人》于1957年"反右派"时期遭到不公正的批判。当时批判这篇小说的人把小说所写的内容与王蒙周围的生活等同起来。作者说:"小说一发表,引起了许多好同志的不安。他写的是谁?他对哪个领导不满?他写的是哪个区委组织部?他要干什么?谁向他透露了组织部的情况?难道××同志或×

---

[1] 王蒙:《"组织部新来的年轻人"琐谈》,《王蒙文集》第七卷,华艺出版社,第595页。

×区委是这样的吗?舆论如此之强烈,直接影响了作者与他的一些老同志、老上级、老战友的关系。"[①]20多年后,王蒙和他的小说都"平反"了,他才有机会写文章来说明,小说尽管是来自生活的,但已经过了艺术加工与改造,根本不能把小说与生活等同起来,就像不能把面包与小麦等同起来一样。

特别值得指出的是,关于作家反映生活具有能动性的观点,还得到了现代心理学的有力支持。从心理学的观点看,人对现实的认识、反映和把握总是主客观的统一。一方面它是客观的,因为反映是受外界事物所制约的,是外界事物的映象;另一方面它又是主观的,因为对外部事物的反映是由人这个主体来进行的,总是受他所累积的全部个人经验和全部个性心理特征制约的。实际上,人们在把握对象那一顷刻就是在创造那个对象,它已不完全是客观对象本身,已是经过你的心理过滤的对象。按近代完形心理学派的观点,经验世界与物理世界是不一样的。物理世界被称为"物理境","物理境"是事物的纯然的客观存在。经验世界称为"心理场","心理场"是事物在人的心目中的存在。"物理境"与"心理场"之间并不存在一对一的对应关系。同一对象,作为"物理境"是一种纯客观的恒定的存在,它一般是可以计量的。例如,一小时就是60分钟,无所谓长与短,这是"物理境"。在烈日下干很重的体力活,你会觉得它太长了,但在凉风习习的树阴下与女朋友谈情说爱,你就会觉得它太短了,这是"心理场"。"母亲珍视的老式椅子在她的时髦女婿看来可能是一堆破烂。

---

① 同上页注。

或者想一想那些政治信仰敌对的人在斗争白热化时倾听一位政治家的演说会有多么显著不同的反应。"① 由此可见，从心理学观点看，把握即是创造。对作家来说，尤其如此。例如李白的诗句："飞流直下三千尺，疑是银河落九天"，"燕山雪花大如席"，"白发三千丈"，"黄河之水天上来"，等等，都是客观景物在诗人心中留下的心理迹象，是诗人在把握这些景物时候的创造，是诗人的"心理场"而已。严格地说，对事物可以从两个层面来理解，从物理层面来理解，一小时就是一小时，它不会多一分，也不会少一分；从心理层面来理解，一小时在正在热恋中的情人的感觉中不过是一分钟，在失恋中的情人的感觉中似乎是一年，所谓"度日如年"。我们的古人早就知道这种区别，清代画家诗人郑板桥在谈到他画竹的经验时说：

江馆清秋，晨起看竹，烟光日影露气，皆浮动于疏枝密叶之间。胸中勃勃遂有画意。其实胸中之竹，并不是眼中之竹也。因而磨墨展纸，落笔倏作变相，手中之竹又不是胸中之竹也。总之，意在笔先者，定则也；趣在法外者，化机也。独画云乎哉！②

这里谈的是绘画的创作过程，但正如郑板桥所指出的那样："独画云乎哉"，作诗，写小说，一切艺术创作的过程，也是这个道理。郑板桥在这里重点讲了创作的三个阶段："眼中之竹"——"胸中之

---

① J. P. 查普林 T. S. 克拉威尔：《心理学的体系和理论》上册，商务印书馆，1983年版，第186页。
② 《郑板桥集·题画·竹》。

竹"——"手中之竹"。创作的三个阶段实现了两次飞跃。从"眼中之竹"到"胸中之竹"是第一次飞跃,这是从自然形象到艺术心象的飞跃;从"胸中之竹"到"手中之竹"是第二次飞跃,这是从艺术心象到物化了的艺术形象的飞跃。这两次飞跃就是两次艺术改造,这样"手中之竹"与"眼中之竹"已经有了质的区别。

我们说文学是一种意识形态,就是说社会生活本来是自然形态的东西,经过作家的艺术改造,变为观念形态的东西。文学已经不是物质形式,它已经是意识形式。这里我们特别强调的是文学作为意识形态对社会存在的反映,但又不是刻板的反映。文学源于生活,但又改造生活。这里还需要说明的是,文学具有社会意识形态性,这是社会的所有的意识形态的共性,仅仅从这个角度来界说文学,还不能充分揭示文学之所以为文学的特征。

二、文学是人的一种审美活动

社会是人的活动的舞台。人在社会中有各种活动,其中比较重要的有生产活动、政治活动、科学活动、伦理活动、宗教活动和审美活动等。马克思说:"人也按照美的规律来塑造",人的一切活动中都含有"审美"的因素,但只有文学艺术活动才把"审美"作为基本的功能。例如,我们人类的衣、食、住、行,作为一种活动,都有"审美"因素。如吃作为人的一种活动,不但要吃得饱,而且要讲究食品的色、香、味、一些菜肴一端上桌,看到那颜色和样子,还没有吃,就让你感到惊喜,这中间就有审美因素。但是我们又必须看到,饭菜的基本功能是满足人的食欲,吃得饱是第一位的。如果某种饭菜只能看,不能吃,或者很难吃,那么再好看也是枉然。人类只有在艺术活动中才把审美作为基本功能。所以人们常说,文学艺术是审美的高级形态。审美在文学艺术中的实现反映了文学艺术的特征。

那么什么是审美呢?文学活动中的审美又有何特点?这是要着重探讨的。

(一)审美的含义及其实现的条件

审美是心理处于活跃状态的主体,在特定的心境、时空中,在有历史文化渗透的条件下,对客体的美的观照、感悟、判断。审美实现的过程是创造的过程。审美的实现需要如下四个层面协同合作:

1. 主体心理层

审美的"审",即观照——感悟——判断,是作为主体的人对信息的接受、储存与加工。即以人的心理器官去审察、感悟、领悟、判断周围现实的事物或文学所呈现的事物。在这观照——感悟——判断过程中,人作为主体的一切心理机制,包括注意、感知、回忆、表象、联想、情感、想象、理解等一切心理机制处在高度活跃的状态。这样,被"审"的对象,包括人、事、景、物以及表达它们的形式,才能作为一个整体,化为主体的可体验的对象。而且主体的心灵在这瞬间要处在不涉旁骛的无障碍的自由的状态,真正的心理体验才可能实现。主体的动作是审美的动力。主体如果没有"审"的愿望、要求和必要的能力,以及主体心理功能的活跃,审美是不能实现的。

从主体层面说,形成美的根源有赖于人性的觉醒、人的实践的深入、人的各种心理机制的充分的活跃和人的审美能力的形成。美首先是与人的一种关系,如果一种事物与人没有建立起关系,那么美是不能形成的。这里所说的与人建立起各种关系,又要从人性的觉醒等四个方面加以说明。

首先,美是与人性的觉醒密切相关的。没有人性的觉醒,也就不可能有什么美。可以这样说,美是"人性"的展开。人从千万年的实践活动中,使自身成为人,成为具有人性心理的人。例如原始的人只有性的欲望和活动,如同一般动物一样。但是经过长期的社会实践活动,一点一点地改造自己,人最终使本能的性欲变成了具有精神品格的爱情。人与动物就这样区别开来。欲望成为人的欲望。感觉成为人的感觉。人性心理终于成熟。人的意识终于觉醒。人具有了人的一切肉体的和精神的本质力量。在这种条件下,自然(包括外部的自然和人的自然)在人性心理的主动作用下,终于可以成为人的对象。审美是一种人的对象性精神活动,就是因为人在审美活动中体现了人性、人的意识和一切本质力量,把自然当作人的对象,从而建立起了活动的机制。例如陆机《文赋》云:

悲落叶于劲秋,喜柔条于芳春。

在这里对秋的萧条和春的生机的描写本身,把春秋景物作为对象,就是主体的情感意识活动的结果。而"悲"与"喜"则更是诗人的一种心理状态的表露。这里包含了对自然对象的体验、理解、联想和想象等。这短短的两个句子,就是人的整体精神活动的表征。可见人的本质力量与自然对象之间,在人性心理的作用下,建立了一种关系,这种关系的建立之日,也就是人的对象性精神活动展开之时。我们说美是人的一种精神活动,就在于在审美活动中,人把外部自然和人的自然作为自己本质力量的确证。审美活动有待于主体与对象关系的建立。同样的道理,春天的景色是客观存在的,但是如果"我"因为各种原因,"我"不能把握它的美,春天的景色还不能成为"我"的对象,"我"与"春天的景色"没有建立起诗意的关系,那么"我"不能欣赏它,更不能用语言描写它,于是审美活动也就无法形成。北京香山春天的桃花、秋天的红叶、冬天的松柏,还有那朝霞、落日、月亮、泉水、碧云寺、卧佛寺、黄叶村、樱桃沟、琉璃塔等能不能成为我们的审美对象,都有待于人与这些事物所建立起来的诗意关系。没有这种诗意关系,也就没有"人的本质的对象化",当然也就没有美。

其次,形成美的根源与人的实践活动有着更密切的关系。人类在改造自然和社会实践活动中,掌握了事物的发展规律,这就有了"真"。人类作为主体把掌握的这些规律运用于创造人类的幸福的事业中去,达到了预想的目的,这就有了"善"。当真与善达到一致的和谐的关系时,即所谓达到"合目的性"与"合规律性"的统一关系时,就产生了"美"。一位住在风景秀丽的山区果农围着他的结满了累累硕果的果园转,忍不住发出会心的微笑,而对于周围美丽的景色不屑一顾,那是因为果园是他实践的作品,与他的关系十分密切,那里包含了他的筹划、汗水、心血、希望和快乐;周围的景色与他的关系也许要疏远一些,所以他更欣赏他自己实践的"作品"。一个小孩走在湖边,拣起一块石子,向水面投去,他期待着出现他的"作品",果然湖面漾起一圈圈涟漪,他看到自己的"杰作",笑了起来,这就是审美。这是小孩的实践活动产生的结果。人的实践无疑是产生美的重要根源。

其三,形成美的根源还与作为主体的人的一切心理机制的活跃有密切的关系。这些心理机制,包括注意、感知、回忆、表象、联想、情感、想象、理解等。只有这一切心理机制处在极端的活跃状态,这样他的对象,包括人、事、景、物以及表达它们的形式,才能作为一个整体的关系结构,化为主体的可体验的对象。而且主体的心灵在这瞬间要处在不涉旁骛的无障碍的自由的状态,真正的心理体验才可能实现。主体的动作是审美的动力。主体如果没有"审美"的愿望、要求,以及主体心理功能的活跃,形成美的根源就处于缺失状态。例如,文学审美鉴赏的第一层是主体心理层。例如我们阅读汉代古诗《步出城东门》:"步出城东门,遥望故乡路。前日风雪中,故人从此去。"(前四句)我们先要有欣赏它的愿望、要求,进一步还要全身心投入,把我们的情感、想象、理解等都调动起来,专注于这首诗歌所提供的画面和诗意,我们似乎自己也感觉在前日的风雪中,在城东门外,送别自己的朋友,看着朋友的背影远去,越来越小,最后只剩下一条空空荡荡的路,不知不觉中也勾起了我们的思乡之情。没有主体的愿望、要求、态度、各种心理机制的充分活跃状态,那么就不能与诗所提供的画面建立起诗意的关系,美的根源也难于形成。

其四,就主体层面说,美的呈现与主体的审美能力有密切关系。欣赏音乐要有音乐的耳朵,如果没有音乐的耳朵再美的音乐对他也没有意义。同样的道理,欣赏绘画要有绘画的眼睛。主体的审美能力也是构成美的根源之一。

2. 客观对象层

形成美的根源不但要具有主体的各种条件和关系,而且还要具有客体的各种条件和关系。审美的"美"是指现实事物或文艺作品中所呈现的事物,这是"审"的对象。对象很复杂,不但有美,而且有丑,还有崇高、卑下、悲、喜,等等。因此,审美既包括审美(美丽的美),也包括"审丑"、"审崇高"、"审卑下"、"审悲"、"审喜",等等,这些可以统称为"审美"。

对于美来说,客观层最重要的特征不是和谐、秩序、对称、均衡、节奏、韵律、多样统一、错落有致、黄金分割等这些表面的美的因素,而是客体的整体结构关系。客观对象的整体结构关系极为重要。现代心理学和哲学提出了格式塔(Gestalt)的概念,就是整体关系概念,中文翻译成"完形"。格式塔心理学的先驱者奥地利人爱伦费斯率先提出"格式塔"概念。美的客体对象与格式塔的概念密切相关。"格式塔"这个概念是怎么回事?爱伦费斯举例说:"我演奏一支由六个乐音组成的熟悉曲子,但使用六个乐音作这样或那样的变化(如改音调,从C调变成B调,或改用别的乐器演奏,或把节奏大大加快,或大大放慢,等等),尽管有了这种改变,你还是认识这支曲子。在这里一定有比六个乐音的总和更多的东西,即第七种东西,原来六个乐音的格式塔质。正是这第七个因素能使我们认识已经变了调子的曲子。"[①]爱伦费斯把格式塔质叫做"第七个因素",这明显还受元素论的影响。实际上,"格式塔质"并不是"第七个因素",或者说它不是作

---

① 参见杜·舒尔茨《历代心理学史》第297页。

为一个因素而存在的。它是六个音的整体性结构关系,或者说它是作为经过整合完形的结构关系而存在的。如在《大海,故乡》这首歌中,它不是单个音符的相加,它是整体结构关系所传达出的一种"弦外之音"、"韵外之致"。客观对象应该具有格式塔的结构关系性质。有没有格式塔,在很大程度上决定美的根源能不能形成。

在我看来,形成美的根源的客体的特征,不存在于个别因素中,而存在于全部因素所构成的独特结构关系中。我们假定有这么一种"君临"一切的、"统帅"一切的东西。有了它作为艺术的文学才成为文学,离了它,文学就变成了一些人、事、景、物的堆砌。这样看来,文学的艺术美不是别的,就是文学的格式塔。我的看法是文学格式塔与我们古代诗论中的"言外之意"、"韵外之致"、"景外之景"、"象外之象"、"弦外之音"这些词语最为接近。所不同的是西方人到18—19世纪才明确提出这个思想,而我们的古人在7—8世纪的唐代就提出了这种理论。举一个诗歌方面的例子来说,温庭筠的《商山早行》中有"鸡声茅店月,人迹板桥霜"这样两句诗,这是真正的诗,历来脍炙人口。这两个诗句共写了"鸡声"、"茅店"、"月"、"人迹"、"板桥"、"霜"等六个景物。妙的是这句诗仅由此六个景物构成,连衔接词都没有。如果把这六个景物孤立起来看,虽说也有言、有象、有意,但都毫无意味。谁也不可能把它们当成诗。但当这六个景物,经过诗人的"整合完形",并被纳入到这首诗的整体组织结构关系中时,在我们的感受中就创造了一种不属于这六个个别景物,而属于整体结构的意味,这就是那种溢于言表的"羁愁野况"的韵致,它已是"大于部分之和"的整体性的东西,一种"新质",即"格式塔质"。大家十分熟悉的"枯藤老树昏鸦"、"古道西风瘦马"等诗句都可以这样去解释。任何真正的诗、小说、散文、剧本,都存在着这种"格式塔质",正是它表现了文学艺术美的特质,把艺术与非艺术区别开来,把文学与非文学区别开来。假定我读下面这个句子:"群鸡正乱叫,客至鸡斗争",请大家来评一评这个句子像不像诗句?可能有相当多的人觉得不像诗句,起码不是佳句。实际上这是杜甫的句子,是名篇《羌村三首》(其三开头两句)中的句子,是写他在经历了安史之乱之后,在经历了炮火连天的战争之后,在回到了家乡,见到了分离多年的妻子儿女之后,对和平生活的温馨感受和由衷赞美。在这里杜甫的诗是作为一个整体关系而存在的,而不是作为一个孤立的句子存在的。一首诗美不美,有没有意味,不在个别的词句是不是华丽、圆润、精炼,如"僧敲月下门"之类的句子。说到贾岛的句子"鸟宿池边树,僧敲月下门"(《题李凝幽居》),王夫之和朱光潜都有过看法。王夫之说:"'僧敲月下门',只是妄想揣摩,如说他人梦,纵令形容酷似,何尝毫发关心?知然者,以其沉吟'推敲'二字,就他作想也。若即景会心,则或推或敲,必居其一,因景因情,自然灵妙,何劳拟议哉?"①王夫之的意思是强调在文学创作中完整直觉的重要,"即景会心"的重要,摈弃分析性的"拟议"。朱光潜教授的看法是,这庙门是和尚出去时自己掩上的,如果庙里就他一个和尚,那么他回来时用"推",就会更真实,也免得把睡着的鸟都吵醒了。我觉得朱光潜作为一个美学家,他知道整体关系的重要性,他的意见值得重视。这个例子同样可以说明文学的

---

① 王夫之:《姜斋诗话》。

格式塔,它虽不是文学的一个具体因素,却比一个具体因素重要得多。

3. 心理时空层

审美作为一种活动必须有特定的心理时空的关系组合。在审美活动中,孤立的事物无所谓美或不美。马克思早就说过:

> 忧心忡忡的穷人甚至对最美的景色都无动于衷;贩卖矿物的商人只看到矿物的商业价值,而看不到矿物的美和特性。①

马克思的话对我们是一个重要的提示:美不是无条件的。在不同的时间、不同的空间,对不同的人,这是不一样的。如果有人问,暴风雨美不美?那是无法回答的。你还必须问:这对谁?在怎样的时间、空间和心境中?如果你是一个农民,正在从事挑柴的劳动,那么每当暴风雨来临,不论你正在山上砍柴,还是正挑着柴走在山路上,这对你来说都是灾难,你绝对不会在这个时候认为暴风雨是美的。但是如果你是一个诗人,此时又安全、悠闲、缺少刺激,这时你在高楼上,突然听见雷电的轰鸣,随后是那排山倒海般的风雨,你觉得那风、那雨像刘邦的《大风歌》一样的壮阔雄伟。还有我们多次看见(在电影、电视中)战士出征的画面,伴随着暴风雨,显得特别的悲壮。暴风雨只在特定的时间、特定的空间和特定的心境中,才可能是美的。孤

---

① 马克思:《1848年经济学哲学手稿》,人民出版社,1979年版,第79—80页。

立的作为"关系项"的暴风雨无所谓美不美。其实,这个问题我们的古人早就有过思考。公元前一百多年,汉代淮南王刘安所主持编写的《淮南子》一书中说:

靥𪋇在颊则好,在颡则丑。绣以为裳则宜,以为冠则讥。

意思是说,女人的酒窝长在脸上是美的,若长在额头上就成为丑的标志了。绣花绣在衣服上是适宜的,若绣在帽子上就会被人讥笑了。这就说明了,美不美决定于关系的组合,而不决定于孤立的因素。在文学审美活动中,也存在一个时间、空间和心境的关系组合问题。在文学创作中,作家要描写各种事物,重要的是要使所描写的事物建立起诗意的联系。我们常说的比喻、象征、正衬、反衬等,其艺术功能就是为了使描写的对象彼此艺术地关联起来。以写战争为例,如果仅就战争写战争,就流血写流血,就牺牲写牺牲,孤立地写血与火,就不可能写出战争与人、与自然的诗意关系,文学审美活动就难以展开。在描写抗日战争题材的作品中,有两篇小说是值得提到的,这就是孙犁的《荷花淀》和莫言的《红高粱》。在《荷花淀》中,战士、敌人和湖水、芦苇之间建立起一种特定的时空关系,湖水及其生长在这里的芦苇,不是可有可无的"关系项",它是与抗日战士合作的"第二主人公",男女战士的小船在荷花淀的湖面上、在芦苇丛中穿来穿去,不时传来枪声和笑声,然后就是战斗结束。我们能想象出那种诗意的残酷的战斗场景。我们会觉得作家建立了对比关系。战士的机智、勇敢,敌人的愚蠢、凶残,湖水、芦苇的美丽,构成了一种反衬的文学关系。在《红高粱》中,红高粱不仅是背景,而且是环境,不仅是环境,而且是象征,不仅是象征,而且是人物,是有血有肉的活泼泼的"人物",它们参与了小说中一切事件和斗争。如果把它们抽去,那么整部小说就很难说了。我们还会想起前苏联描写卫国战争的小说《这里的黎明静悄悄》,美丽的女兵和她们的男连长,是第一主角,森林、河水、沼泽是第二主角,德国法西斯是她们的对立面,三者结构成一种难解难分的关系。作为第二主角的"自然",有时帮助了她们,有时则妨碍了她们。双方都凭借这座森林、河水、沼泽进行殊死的斗争。独特的空间关系把这场战斗给审美化了。同样的道理,如果你问柳宗元的《江雪》美不美,这要看对谁,是什么时间和空间,在何种的心境下。这就如同我们不能抽象地问"暴风雨美不美"的问题一样。从这个意义上看,文学审美活动的第三个层面是时空心理层。

4. 历史文化层

审美活动的实现还必须有历史文化的条件。因为审美活动不但是瞬间的存在,它的每一次实现都必然渗透人类的、民族的历史文化传统,同时历史文化传统又渗透、积淀到每一次审美活动中。人们总是感觉到审美活动让我们想起了过去的什么。美往往是文化传统凝结的成果。例如欣赏柳宗元的《江雪》,我们就会想起在漫长的封建主义的严酷统治下,许多知识分子怀才不遇,就是当了官吏也常因不合最高统治者的要求而被罢免,不得不过所谓的"穷则独善其身"的日子。我们还会进一步想到中国历史上道家的生活理想,在纷乱现实中的"逍遥游",等等。如果我们对历史上这种情况了解得越多,我们就会对在寒江上的"蓑笠翁"的孤寂心理有越深刻的理解,那么我们就越能欣赏这首诗。从这个意义上说,文学审美活动的第四层是历史文化层。

概而言之,审美活动是心理处于活跃状态的主体,在特定的心境、时空条件中,在有历史文化渗透的条件下,对于客体的美的观照、感悟、判断。审美活动的过程是多项因素协同的过程,是创造的过程。审美活动的根本精神是人的心理器官的全部畅通,是人的内在丰富性的全部展开,是人本质力量的对象化。在审美的瞬间,人们暂时摆脱了周围熙熙攘攘的现实,摆脱了一切功利欲念,使灵魂升腾到一个心醉神迷的境界。正是在这个意义上说,审美是自由在瞬间的实现,是苦难人生的节日。

(二) 文学审美活动的特点

审美活动是到处都存在的。人们的衣食住行中都存在审美。人的活动中无处不存在审美。而各种艺术活动中的审美是审美的高级形态。那么作为艺术之一种的文学,与其他艺术中的审美活动相比又有什么特点呢?

1. 文学审美活动具有广阔的包容性

文学是语言艺术。语言有巨大的功能,词语可以与世界上一切事物发生广阔的联系。世界上一切人物、事件、场景、色彩、声音、气味、感觉、知觉、想象、情感、心态……无一不可以用词语符号表示出来,并间接地刺激人的感官。高尔基说过:"民间有一个最聪明的谜语确定了语言的意义,谜语说:'不是蜜,但可以粘一切东西。'因此可以肯定说:世界上没有一件东西是叫不出名字来的。语言是一切事实和思想的外衣。"① 只要作家创作需要，那么大至无边的宇宙，小至一个人一刹那的细微的心理变化，都可以用词语加以描写、表现。文学描写具有无比的广阔性和丰富性。黑格尔说：

> 语言的艺术在内容上和表现形式上比起其他艺术都远为广阔，每一种内容、一切精神事物和自然事物，事件，行动，情节，内在的和外在的情况，都可以纳入诗，由诗加以形象化。②

黑格尔在对比中凸现出文学作为语言艺术的特征，这是符合实际的。例如大家都熟悉的《红楼梦》描写生活的广阔程度是任何艺术都无法达到的。人们称它为封建社会的百科全书，称它为全景小说，是毫不夸张的。护花主人评《红楼梦》时，曾写下这样一段文字：

> 一部书中，翰墨则诗词歌赋，制艺尺牍，爰书戏曲，以及对联匾额，酒令灯谜，说书笑话，无不精善。技艺则琴棋书画，医卜星相，及匠作构造，栽种花果，蓄养禽鸟，针黹烹调，巨细无遗。人物则方正阴邪，贞淫顽善，节烈豪侠，刚强懦弱，及前代女将，外洋诗人，仙佛鬼怪，尼僧女道，娼妓优伶，黠奴豪仆，盗贼邪魔，醉汉无赖，色色皆有。事迹则繁华筵宴，奢纵宣淫，操守贪廉，宫闱仪制，庆吊盛衰，判狱靖寇；以及讽经设坛，贸易钻营，事事皆全。

---

① 高尔基：《和青年作家谈话》，《论文学》，人民文学出版社，1983年版，第332页。
② 黑格尔：《美学》第3卷，商务印书馆，1979年版，第13页。

甚至寿终夭折,暴亡病故,丹戕药误,及自刎被杀,投河跳井,悬梁受逼,并吞金服毒,撞阶脱精等事,亦件件俱有,可谓包罗万象,囊括无遗。①

像《红楼梦》这种百科全书式的巨著,其反映生活的丰富广阔,不要说绘画、雕刻、音乐、舞蹈等特别受时间、空间限制的艺术难于表现,就是一百集电视连续剧也无法再现。不但文学描写生活的广度别的艺术无法相比,而且文学描写的细致入微、深入曲折的程度也是其他艺术无法相比的。例如王蒙的意识流小说《春之声》写主人公岳之峰从国外回来之后坐闷罐子车回阔别多年的故乡度春节的内心感受。故事十分简单,可对主人公的心态描写的细致、深入、微妙是惊人的。王蒙在解释自己这篇小说时曾说:"……我打破常规,通过主人公的联想,突破时间和空间的限制,把笔触伸向过去和现在,外国和中国,城市和乡村,满天开花,放射性线条,一方面是尽情联想,闪电般的变化,互相切入,无边无际,一方面却是万变不离其宗,放出去的又都能收回来,所有的射线都有一个端头,那就是坐在八〇年春节前夕里的闷罐子车里的我们的主人公的心灵。"②《红楼梦》之所以能把生活展现得如此丰富宽阔,《春之声》之所以能把生活描写得如此细致入微,这不能不归功于语言的神力。文学如果不是借助语言,就不可能如此宽广、如此细致地反映生活。

---

① 引文见《中国小说历代序跋选注》,长江出版社,1982年版,第229页。
② 引文见《小说选刊》1980年第1期。

文学的这一特点充分地映现在文学审美活动上面。审美活动不是封闭的,而是开放的。审美可以融化生活的一切内容。所以文学的审美最为辽阔丰富。文学的审美对象中有美,也有丑,有悲,也有喜,有崇高,有卑下……就是说在文学的审美活动中,人们可以以自己的情感或拥抱、或排斥、或喜爱、或憎恨一切,生活里的一切都可以当作审美观照的对象,都可以成为作家和读者的诗意的过滤。文学审美活动所具有的包容性,是别的艺术不可能达到的。

2. 文学审美活动具有思想的深刻性

文学作为语言艺术,它所蕴含的思想往往比其他艺术更深刻。因为词语并非物质性材料,具有实质性内容的词义是一种精神性表象,这样,"语言在唤起一种具体图景时,并非用感官去感知一种眼前外在事物,而永远是在心领神会"[①],人们的这种心领神会直接趋向认知、思考,便于对生活进行理性的、深入的把握。所以,我们不能不说文学是所有艺术中最富思想性的艺术,甚至可以直接称为思想的艺术。一幅画,让我们看到一些构图、色彩;一首乐曲,让我们听到一连串声音;一段舞,让我们看到一些人体的姿态、动作……这些都可以给我们情绪以感染,也能给我们一些思想的启迪。但文学则除了给我们情绪的感染之外,还能给我们以大量的、强烈的、深刻的理性的认识。马克思在谈到英国批判现实主义作家时说:"现代英国的一批杰出的小说家,他们在自己的卓越的、描写生动的书籍中向世界揭示的政治和社会的真理,比一切职业政客、政论家和道德家加在一起

---

① 黑格尔:《美学》第3卷下册,商务印书馆,1981年版,第6页。

所揭示的还多。"①恩格斯在谈到巴尔扎克时也说:"……他在《人间喜剧》里给我们提供了一部法国'社会'特别是巴黎'上流社会'的卓越的现实主义历史,他用编年史的方式几乎逐年地把上升的资产阶级在1816年到1848年这一时期对贵族社会的日甚一日的冲击描写出来……他汇集了法国社会的全部历史,我从这里,甚至在经济细节方面(如革命以后动产和不动产的重新分配)所学到的东西,也要比从当时所有职业的历史学家、经济学家和统计学家那里学到的全部东西还多。"②我们认为马克思、恩格斯这两段话,不仅是在充分肯定英国和法国一批批判现实主义作家作品的认识价值,而且也说明了文学作为一种语言艺术其思想认识的深刻性特点是其他艺术无法相比的。为什么巴尔扎克敢于宣称自己要做"法国社会的书记",就因为他手里拿的笔不是画笔,而是能够源源不断地流出语言文字的笔。

作为语言艺术的文学比其他艺术更能蕴含深刻的思想性,突出地表现在语言最为凝练的诗里。诗最能达到"言有尽而意无穷"的境界,最具有哲学的深度。如"路漫漫其修远兮,吾将上下而求索"(屈原)、"此中有真意,欲辩已忘言"(陶渊明)、"江流天地外,山色有无中"(王维)、"相看两不厌,只有敬亭山"(李白)、"野火烧不尽,春风吹又生"(白居易)、"春蚕到死丝方尽,蜡炬成灰泪始干"(李商隐)、"无可奈何花落去,似曾相识燕归来"(晏殊)、"春色满园关不住,一枝红

---

① 马克思:《英国资产阶级》,《马克思恩格斯全集》第10卷,人民出版社,第686页。
② 恩格斯:《致玛·哈克奈斯》,《马克思恩格斯选集》第4卷,人民出版社,1972年版,第462—463页。

杏出墙来"(叶绍翁)、"横看成岭侧成峰,远近高低各不同"(苏轼)、"山重水复疑无路,柳暗花明又一村"(陆游)……这些诗句都有鲜明的形象,可形象背后却蕴含着深刻的哲学意味。

文学所蕴含的思想的深刻性在文学审美活动中同样得到充分的体现。文学的审美活动的一个特点,是人的感性和理性都充分活跃起来。因为人面对的文学是一个言－象－意的结构,在审美活动中就不会停留在对作品表面的语言的阅读和形象的感受上面,而必然深入到"意"这个层面。换句话说,文学的审美必然要深入到文学的最深层的内容中。例如在文学审美活动中必然要追问这句话、这个形象有何意味,这个悲剧是怎样酿成的,那个卑下的人物与社会的关系,等等。正是这种审美追问和随后的审美判断使思想的深刻性得到充分的体现。

三、文学的审美意识形态性

上面两部分我们分别说明了文学是一种意识形态,文学是人类的一种审美活动。文学的意识形态性与文学的审美特性有机结合在一起,就产生质变,产生了作为文学的根本性质的"文学审美意识形态"。但是我们切忌把文学看成是"审美"与"意识形态"的简单相加。我们说文学是一种审美意识形态,就意味着"审美意识形态"自身是一个相对独立的系统。所以这里我们还需进一步说明"审美意识形态"的独立性,以及文学的审美意识形态性的丰富含义。

（一）审美意识形态的独立性

毫无疑义，在马克思的关于社会结构的理论中，社会经济基础制约上层建筑。上层建筑分成两类，一类是社会政治制度等，一类是社会意识形态。社会意识形态归根到底要寻找社会经济基础的解释。但是由于社会经济基础对意识形态的制约要经过多种"中介"，有时候这种制约作用并不是看得很清楚。意识形态都具有相对的独立性，特别是哲学、宗教和文学艺术等作为"更高悬浮于空中的思想领域"（恩格斯语），其相对独立性就更加明显。

这里还有一个重要的观念，即所谓的"意识形态"是对各种社会意识形态的抽象，并不存在一种称为"意识形态"的实体。没有"纯"意识形态存在。意识形态只有在各种具体的表现中——作为哲学的意识形态、政治意识形态、法意识形态、道德意识形态、审美意识形态——才会现实地存在。换句话说，这些意识形态都是具体的，而非抽象的。因此文学艺术作为审美意识形态是意识形态中一个具体的种类，它与哲学意识形态、政治意识形态、法意识形态、道德意识形态是有联系的，可它们的地位是平等的。在这里不存在简单的谁为谁服务的问题。文学当然往往具有政治性，但像过去那样把文学等同于政治、把文学问题等同于政治问题的观念是不符合马克思的理论精神的。文学"审美意识形态"论是新时期中国文学理论的一个重要收获。因为它取代了"文艺从属于政治"这个弊多利少的口号，更符合文学的实际。但作为一种概念，早在1910年就由俄国的马克思主义理论家沃罗夫斯基在《马克西姆·高尔基》一文中提出。

(二) 文学审美意识形态性的内涵

文学具有意识形态性,又具有审美特性,当意识形态性与审美特性有机结合在一起,就不再是两者相加,而变成为"文学审美意识形态"独立系统。文学的意识形态性本身不是简单的,既非单一的意识形态的表现,也非单纯的审美,它是复杂的、丰富的,它的具体内涵可以从下面几点加以说明:

1. 从性质上看,有集团倾向性又有人类共通性

文学作为审美意识形态,的确表现出集团的、群体的倾向性,这是无须讳言的。这里所说的集团、群体,包括了阶级但又不止阶级。例如,工人、农民、商人、官吏、知识分子等,都是社会的不同集团与群体。不同集团、群体的作家由于所处的地位不同,代表着不同的利益,这样他们必然会把他们的不同集团、群体的意识渗透到文学的审美描写中,从而表现出不同集团、群体的意识和思想感情的倾向性。鲁迅曾经说过:

> 文学不借人,也无以表示"性",一用人,而且还在阶级的社会里,即断不能免掉所属的阶级性,无需加以"束缚",实乃出于必然。①

---

① 鲁迅:《"硬译与文学的阶级性"》,《鲁迅全集》第4卷,人民文学出版社,1959年版,第164页。

鲁迅所说的是正确的。例如,《诗经》里的《伐檀》《硕鼠》等篇描写奴隶与奴隶主的关系,作者显然是站在奴隶的立场上对奴隶主表示愤恨和抗议。作品的阶级性是十分明显的。又如一个商业社会,老板与雇工的地位不同,他们之间也各有自己的利益,作家若是描写他们的生活和关系,那么作家的意识自然也会有一个倾向于谁的问题,如果在文学描写中表现出来,自然也就会有集团或群体的倾向性。

但是,无论属于哪个集团和群体的作家,其思想感情也不会总是被束缚在集团或群体的倾向上面。作家也是人,必然也会有人与人之间相通的人性,必然会有人人都有的生命意识,必然会关注人类共同的生存问题。如果体现在文学的审美描写中,那就必然会表现出人类普遍的共通的情感和愿望,从而超越一定的集团或群体的倾向性。例如描写男女之情、父子之情、母子之情、兄弟姐妹之情、朋友之情、思乡之情、爱国之情等作品,往往表现出人类普遍的感情。大量的描写山水花鸟的作品也往往表现出人类对大自然的热爱的普遍之情。

这里特别要指出的是,在一部作品的审美描写中,往往既含有某个集团和群体的意识,同时又渗透了人类共通的意识。就是说,某个集团或群体的意识与人类的共通的意识并不总是不相容的。特别是下层人民的意识,常常是与人类的普遍的意识相通的。下层人民的善良、美好的情感常常是人类共同的情感的表现。例如下面这首《菩萨蛮》:

> 枕前发尽千般愿,要休且待青山烂,水面秤锤浮,直待黄河彻底枯。白日参辰现,北斗回南面。休即未能休,且待三更见日头。

这是下层人民的歌谣,但那种表达恋人对爱情的忠贞的感情,则不但属于下层的百姓,而且属于全人类的共同的美好感情。正是在这个意义上,我们说集团倾向性和人类共通性的统一,是文学审美意识形态性的重要表现。

2. 从主体特征看,是认识又是情感

文学是社会生活的反映,无疑包含了对社会的认识。这就决定了文学有认识的因素。认识有感性认识,有理性认识,文学中的认识是感性认识与理性认识的结合。更多的情况下是理性认识渗透、溶解到感性认识中。完全没有认识因素的作品是极少见的。即使是那些自称是"反理性"的作品,也包含了对现实的认识,只是其认识可能是虚幻的、谬误的而已。当然有的作品,其认识表现为对现实的批判解析,如西方批判现实主义作品,就表现为对资本主义世界的种种不合道义的弊端的评价与认识;有的作品则表现为对现实发展的预测和期待的认识,许多浪漫主义的作品都是如此。有的作品看似十分客观、冷静、精确,似乎作者完全不表达对现实的看法,其实不然。这些作品不过是"冷眼深情",或者用鲁迅的话说"热到发冷的热情",不包含对现实的认识一般是不可能的。但是,我们说文学的反映包含了认识,却又不能等同于哲学认识论上或科学上的认识。文学的认识总是以情感评价的方式表现出来的。文学的认识与作家的情感态度完全交融在一起。例如,我们说法国作家巴尔扎克的作品有很高的认识价值,它深刻揭示了他所生活的19世纪法国社会发展的规律,但我们必须注意到,他的这种规律性的揭示,不是在发议论,不是在写论文,他是通过对法国社会的形形色色的人物及其命运的描写,通过各种社会场景和生活细节的描写,通过环境氛围的烘托,暗中透露出来的。或者说,作者把自己对社会现实的情感评价渗透在具体的艺术描写中,从而表达出自己对生活的看法和理解。在这里,认识与情感是完全结合在一起的。

那么,这样的认识与情感结合的形态,究竟是什么呢?黑格尔把它称为Pathos,朱光潜先生译为"情致"。黑格尔说:

> 情致是艺术的真正中心和适当领域,对于作品和对于观众来说,情致的表现都是效果的主要来源。情致所打动的是在每个人心里都回响着的弦子,每一个人都知道一种真正的情致所含蕴的价值和理性,而且容易把它认识出来。情致能感动人,因为它自在自为地是人类生存中的强大的力量。[1]

黑格尔的意思是,情致是两个方面的互相渗透,一方面是个体的心情,是具体感性的,是会感动人的,另一方面是价值和理性,可以作为认识。这两个方面完全结合在一起,不可分离。因此,对那些情致特别微妙深邃的作品,它的情致往往是无法简单地用语言传达出来

---

[1] 黑格尔:《美学》第一卷,商务印书馆,1979年版,第296页。

的。俄国的批评家别林斯基在发挥黑格尔的"情致"说时也说：

> 艺术不容纳抽象的哲学思想,更不容纳理性的思想,它只容纳诗的思想,而这诗的思想,不是三段论法,不是教条,不是格言,而是活的激情,是热情……因此,在抽象思想和诗的思想之间,区别是明显的:前者是理性的果实,后者是作为热情的爱情的果实。①

这应该是别林斯基在他的文学批评活动中把握到的真理性的东西。事实的确如此,文学的审美意识作为认识与情感的结合,它的形态是"诗的思想"。因此文学史上一些优秀作品的审美意识,就往往是难于说明的。例如《红楼梦》的意识是什么,常常是只可意会不可言传。关于《红楼梦》的主题思想至今仍没有满意的"解味人"(曹雪芹:"都云作者痴,谁解其中味?")。这是因为《红楼梦》的审美意识是十分丰富的,人们可以逐渐领会它,但无法用抽象的言辞来限定它。有人问歌德,他的《浮士德》的主题思想是什么,歌德不予回答,他认为人们不能将《浮士德》所写的复杂、丰富、灿烂的生活缩小起来,用一根细小的思想导线来加以说明。这些都说明由于文学作品的审美意识是情致,是认识与情感的交融,认识就像盐那样溶解于情感之水,无痕有味,所以是很难用抽象的词语来说明的。

3. 从目的功能上看,是无功利性又是有功利性

---

① 《别林斯基论文学》,新文艺出版社,1958年版,第53页。

文学作为审美意识形态的又一表现,就是它具有不以功利为目的,但又有功利性的特征。文学是审美的,那么在一定意义上它就是游戏,就是娱乐,就是消闲,就是享受,似乎没有什么实用目的,仔细一想,它似乎又有功利性,而且有深刻的社会功利性。就是说它是无功利的(Disinterested),但又是有功利的(Interested),是这两者的交织。

在文学活动中,无论创作还是欣赏,无论作者,还是读者,在创作和欣赏的瞬间一般都没有直接的功利目的性。如果一个作家正在描写一处美景,却在想入非非地动心思要"占有"这处美景,那么他的创作就会因这种"走神"而不能艺术地描写,且使创作归于失败。一个正在剧场欣赏《奥赛罗》的男子,若因剧情的刺激而想起自己的妻子有外遇的苦恼,那么他就会因这一考虑而愤然离开剧场。在创作和欣赏的时刻,必须排除功利得失的考虑,才能进入文学的世界。法国启蒙时代的思想家狄德罗(Diderur,1713—1784)说:

> 你是否在你的朋友或情人刚死的时候就作哀悼诗呢? 不会的。谁在这个当儿去发挥诗才,谁就会倒霉! 只有当剧烈的痛苦已经过去,感受的极端灵敏程度有所下降,灾祸已经远离,只有到这个时候当事人才能够回想起他失去的幸福,才能够估量他蒙受的损失,记忆才和想象结合起来,去回味和放大过去的甜蜜的时光。也只有到这个时候才能控制自己,才能作出好文章。他说他伤心痛哭,其实当他用心安排他的诗句的声韵的时候,他顾不上流泪。如果眼睛还在流泪,笔就会从手里落下,当事人就

会受感情的驱遣,写不下去。①

狄德罗的意思是,当朋友或情人刚死的时候,满心是得失利害的考虑,同时还要处理实际的丧事等,这个时候功利性最强,是不可能进行写作的。只有在与朋友或情人的死拉开了一段距离之后,功利得失的考虑大大减弱,这时候才能唤起记忆,才能发挥想象力,创作才有可能。这个说法是完全符合创作实际的。的确,只有在无功利的审美活动中,才会发现事物的美,才会发现诗情画意,从而进入文学的世界。丹麦文学史家勃兰兑斯(G. Brandes, 1842—1927)举过一个很能说明问题的例子:

> 我们观察一切事物,有三种方式:实际的、理论的和审美的。一个人若从实际的观点来看一座森林,他就问这森林是否有益于这地区的健康,或是森林主人怎样计算薪材的价值;一个植物学者从理论的观点来看,便要进行有关植物生命的科学研究;一个人若是除了森林的外观没有别的思想,从审美的或艺术的观点来看,就要问它作为风景的一部分其效果如何。②

商人关心的是金钱,所以他要细算木材的价值;植物学家关心的

---

① 狄德罗:《演员奇谈》,《狄德罗美学论文选》,人民文学出版社,1984年版,第305—306页。
② 勃兰兑斯:《十九世纪文学主流》第1卷,人民文学出版社,1958年版,第161页。

是科学,所以他关心植物的生命;唯有艺术家是无功利的,这样他关心的是风景的美。正如康德所说的那样:"那规定鉴赏判断的快感是没有任何利害关系的"。"一个关于美的判断,只要夹杂着极少的利害感在里面,就会有偏爱,而不是纯粹的欣赏判断了"。① 康德的理论可能有片面性,但是就审美意识在直接性上是无功利的角度而言,他是对的。其实中国古代文论讲究文学创作和欣赏时的"虚静"说,也是审美无功利的理论。刘勰继承老子庄子的悟道的"虚静"说,在《文心雕龙·神思》篇提出文学创作中的"虚静"说:

是以陶钧文思,贵在虚静,疏瀹五藏,澡雪精神。

意思是说:在酝酿文思的时候,可贵的是虚心和宁静,清除心里的成见,使精神处于纯净状态。"虚静"就是使人的精神进入一种无欲、无得失、无功利的极端平静的状态,这样事物的一切美和丰富性就会展现在眼前。所以"虚静"可以理解为审美活动时的心理状态。

但是,我们说文学审美意识在直接性上是无功利的,并不是说就绝对无功利了。实际上,无论是作家的创作还是读者的欣赏在无功利的背后都潜伏着功利性,在间接上看,创作是为人生的,为社会的,就是所谓的"无功利",实际上也是对人生、对社会的一种态度,更不必说,文学创作往往有很强的现实性的一面,或批判社会,或揭示人

---

① 康德:《判断力批判》上卷,宗白华译,商务印书馆,1964年版,第40—41页。

生的意义,或表达人民的愿望,或展望人类的理想,等等,其功利性是很明显的。就是那些社会性比较淡的作品,也能陶冶人的性情,"陶冶性情"也是一种功利。所以鲁迅说:文学"给人的愉快与休息,是劳作和战斗前的准备"①;王国维和鲁迅都说过,文学是"无用之用"。这意思就是说,文学意识的直接的无功利性正是为了实现间接的有功利性。

4. 从把握方式上看,须假定性又须真实性

文学作为审美意识与科学意识是不同的。虽然艺术和科学都是人类所钟爱的两姐妹,都是创造,都是对真理的追求,但他们创造的成果是不同的。科学所承认的意识,是不允许虚构的,科学结论是实实在在的对客观规律的揭示。文学意识是审美意识,它虽然也追求真实,但它是在艺术假定性中所显露的真实。这样在把握生活的方式上,科学与文学就分道扬镳了。

文学虽然有不同的对现实的把握方式,有的作品运用了神话、传奇、荒诞、幻想等(如《西游记》)来反映生活,有的作品则"按照生活本来的面目"(如《红楼梦》)描写来再现生活,但不论把握方式有何不同,文学按其本性说它的把握方式是假定性的。所谓假定性就是指文学的虚拟的性质。所以文学的真实是在假定性中透露出来的。可以说是"假中求真"。一方面,它是假定的,它不是生活本身,纯粹是子虚乌有;可另一方面,它又来自生活,它会使人联想起生活,使人感

---

① 鲁迅:《小品文的危机》,《鲁迅全集》第4卷,人民文学出版社,1959年版,第443页。

到比真的还真。文学作品所显示的审美意识就是这种假定与真实的统一体。

文学作为审美意识形态，可以说是与读者达成的一种默契。读者允许作者去假定去虚拟，他们却津津有味地去看作品中的故事，并为它欢喜或落泪，可并不认为它是实有其事。作者却也"宽宏大量"，允许读者不把他的作品中的故事当作事实看待，允许读者把他的作品当作"谎话"（或者如巴尔扎克所说的"庄严的谎话"）。正是在这种默契中，文学放心大胆地走到了艺术假定的这一极。文学之所以不是生活本身的实录，不是科学论文，不是通讯报告，不是外交协议，不是电脑说明，不是私人日记……就在于它的假定虚拟性质。或者说文学作为审美意识形态的前提，就在于它不是事实的记录，是假定的虚构。如果谁违反了文学的假定性的前提，把文学变成事实经过的流水账，那么文学就要变成非文学。俄国著名戏剧导演斯坦尼斯拉夫斯基曾说明戏剧的假定性：

> 在生活中太阳从上边射来，在剧场里则是相反，是从下边射来的。在大自然中不存在均匀工整的线条，在剧场里却设置了各个景次，树木被排成笔直的间隔相同的行列。在生活中一个人无法把手伸到巨大石屋的二层楼，在舞台上却是可能的。在生活中房屋、石柱、墙壁等始终屹然不动，在剧场里却由于最轻微的风吹而抖动起来。在舞台上房间的设置始终不像生活中那样，整个房屋建筑也完全不同。例如，我们在生活中，从来没有看见到过几乎在所有剧本中作者们都这样指示的房间：在前景

上左边和右边都有门;后墙中间又有门;在后景上左右两边都是窗户,你就试来建筑这样的房间看看……在生活中这简直是不可能的,然而为了艺术的、假定的真实,这个问题并不重要,可以自由地加以解决。①

斯坦尼斯拉夫斯基在这里谈的是剧场的假定性问题,其实这个问题对所有的艺术都是相同的。著名画家毕加索也说过:

艺术是一种使我们达到真实的假想。但是真实永远不会在画布上实现,因为它所实现的是作品和现实之间发生的联系而已。②

毕加索是从艺术本性的角度来谈艺术的假定性的,实际上把生活转移到书本上去这本身就意味着一种假定。这两位艺术家的论点同样适用于文学。文学的假定性不但表现在那些描神画鬼、神奇幻想的作品上面,就是在那些反映生活本来面貌的完全写实的作品里假定性也是不可或缺的。所有的现实主义作品,要是没有假定性,没有必要的虚构,也是完全不可能的。没有艺术的假定性,也就没有文学。

文学审美意识形态是假定的,但也是真实的。就是说,这假定是

---

① 《斯坦尼斯拉夫斯基创作札记》,见《世界艺术与美学》第2辑,文化艺术出版社,1983年版,第239页。
② 《毕加索论艺术》,《艺术译丛》,1981年第2期。

具有真实性的。鲁迅说：

> 艺术的真实非即历史的真实，我们是听到过的，因为后者需有其事，而创作则可以缀合，抒写，只要逼真，不必实有其事也。然而他所据以缀合，抒写者，何一非社会上的存在，从这些目前的人，的事，加以推断，使之发展下去，这便好像豫言，因为后来此人，此事，确也正如所写。①

鲁迅这里所说的创作可以"缀合，抒写，只要逼真，不必实有其事也"，意思就是文学是假定的，但这假定如果"加以推断"，那么就像预言一样准确，这就是艺术的真实了。

这就说明假定性如果不同真实性结合，那就会成为虚假的谎言，就没有价值了。艺术真实性是文学意识的一个基本要求。那么什么是艺术真实性呢？

艺术真实性是作家创造出来的。作家在创造艺术真实时有认识又不止是认识。作家在创造艺术真实的过程中，投入了全部的心理动作——感知、情感、想象、回忆、联想、理解等。因此艺术真实既是客观的，又是主观的，既有理，又有情。简括地说，艺术真实性是指文学作品的艺术形象的合情合理的性质。

所谓"合理"，是指艺术形象应符合生活发展的逻辑，有了这种合

---

① 鲁迅：《给徐懋庸》，《鲁迅全集》第 10 卷，人民文学出版社，1959 年版，第 198 页。

理的逻辑,也就可以被读者理解,大家也就会觉得它真实。作家完全可以虚构,虚构是作家的权力,这是不容怀疑的。因此作家可以不写真人真事,关键是要写得合理,写得合乎逻辑。换句话说,一件生活中没有发生过的事情,由于作家揭示了它在假定情境中的内部发展逻辑,内在的联系,内在的规律性,也完全可以是真实的。对于艺术真实性来说,不在于所写的人、事、景、物是否真实存在过,而在于所写的人、事、景、物是否展现了整体的必然的联系。例如,《红楼梦》中贾宝玉对真实性的看法,就很有意味。大家知道,稻香村是大观园的一景,若孤立起来看,那茅舍,那青篱,那土井,那菜园,都与真农舍十分相似,甚至可以说逼真极了。贾政看了此处后,说:"倒是此处有些道理"。但贾宝玉则不以为然。他说:"此处置一田庄,分明见得是人力穿凿扭捏而成。远无邻村,近不负郭,背山山无脉,临水水无源,高无隐寺之塔,下无通市之桥,峭然孤立,似非大观。争似先处有自然之理,得自然之气,虽种竹引泉,亦不伤穿凿。古人云:'天然图画'四字,正畏非其地而强为地,非其山而强为山,虽百般精巧而终不相宜。"贾宝玉的这段话是很有见地的。在他看来,"天然"不"天然"(即真实不真实),不在事物布局的逼真,而在符合不符合事物的内在联系。稻香村作为一个农舍,放在大观园中,与那些雕梁画栋、楼台亭榭连在一起是不自然的,因而是不合理的。倒是"怡红院"、"潇湘馆"等与大观园的景观有一种内在的整体的联系,所以"有自然之理,得自然之气"。贾宝玉的话给我们这样的启发:对于文学,当然是可以假定和虚构的,但在假定和虚构的情境中,则不可人为地编造,不可"非其地而强为地,非其山而强为山",要充分注意到事物之间的整体的天然的联系,即要"合理",这样才能创造出艺术真实来。

"合理"是艺术真实性的客观方面,艺术真实性还有主观方面,因此除了"合理"之外,还有"合情"。按文学的审美要求,"合情"是更重要的。因为文学审美意识不是直接用道理说出的,而是主要以情感作为中介,所以"合理"必须与"合情"结合在一起,才能达到艺术真实性。所谓"合情"就是指作品必须表现人们的真切的感受、真挚的感情和真诚的意向。真切的感受、真挚的感情和真诚的意向可以把假定的、虚构的升华为真实的。

真切的感受是很重要的,它可以把看起来不真实的描写提升为艺术的真实。例如李白的诗句"黄河之水天上来",如果按事实来考察,这个诗句所描写的是不真实的。因为黄河之水不是从天上掉下来的,天上只下雨,而不下"河"。但是大家都觉得李白这句诗很真实,原来李白在这里写的是自己的真切的感受:黄河之水从高原奔腾而来,水流湍急,巨浪滔天,一泻千里,使人觉得这河水从天而降。黄河的雄伟气魄被这诗句淋漓尽致地描写出来了。一个并不符合事实的描写,由于写出了作者的真切的感受而变得真实了。在文学审美描写中,真挚的感情更为重要。真挚的感情可以把虚幻的提升为真实的。汤显祖的《牡丹亭》中的杜丽娘因痴情生而死,死而复生,这在生活中是完全不可能的,但由于作者在描写中灌注了浓浓的感情,虚幻之笔竟然也成为可以接受的艺术真实。在文学审美描写中,作者的真诚的意向,也十分重要。一旦这个真诚的意向成为作品的艺术逻辑,成为作者与读者之间达成的默契,那么十分怪诞之笔,也可以令人信服。如鲁迅的小说《药》,在革命者夏瑜的坟上,凭空添了一个花环,若隐若现。表面看是不可理解的,不真实的。但是由于作家的真诚的意向(同情革命者),得到了读者的认同,于是怪诞的描写也成为真实的描写了。

以上说明,文学的审美意识具有艺术真实的品格。艺术真实性是客观的真理和主观的感情的统一,也就是艺术描写的合情合理性质。当然,在文学中,经常遇到的是情与理不一致,甚至发生矛盾,那么文学作为一种审美意识,应该牵情就理呢,还是应该牵理就情?一般来说,由于文学的意识的审美特性,十分重视感情的评价,如果遇到上面所说的情与理矛盾的情况,就应该牵理就情。上面所举的《牡丹亭》和《药》的例子就说明了这一点。

总而言之,文学审美意识形态作为一个完整体,它的内涵是极为丰富的,它是集团倾向性与人类共通性的统一,认识与情感的统一,无功利性与有功利性的统一,假定性与真实性的统一。

第四章 文学是作家体验的凝结

从作品与作家的关系上看,文学又是作家个体体验的凝结。上一章,我们谈到文学源于生活又改造生活的观点,这里留下了一个重要问题,那就是作家是根据什么来改造生活,从而创造出文学作品来的呢。实际上,作家就是通过自己的刻骨铭心的审美体验来改造生活,来塑造文学形象,来创造文学作品的。如果没有作家的审美体验,那么生活的生气、意义和诗意,就不会被显现出来,文学创作也就不可能获得成功。本章将讨论经验、体验与文学的关系,进一步再研究审美体验在文学中的美学功能。

一、经验、体验与文学

(一) 经验与体验

人们在社会生活中,都有自己的经历。人从儿童成长为成年,要经过许多人生阶段,遭遇许多事情,有自己的见闻,也有自己亲自参与过的事情。这些个人的见闻和经历及所获得的知识和技能,统称为经验。例如一个从事医疗职业的人,他先要学习,获得医疗方面的知识和技能,然后到一所医院去当医生,医治了许多病人,有的医治成功,有的医治失败,还有他要过一个人的普通生活,所有这些都叫做经验。我们常说某某大夫治病有丰富经验,就是对"经验"这一概念的准确理解。但是人的经验是他的生物的或社会的阅历,大致说来,其中又可分为两种。一种是纯经历性的,就是说他经历了这件事情,并有相关的常识和知识;还有一种则不但有过这个经历,而且在这经历中见出深刻的意义和诗意的情感,那么这经验就成为一种体验了。体验是经验中的一种特殊形态。可以这样说,体验是经验中见出深义、诗意与个性色彩的那一种形态。例如一个人吃饭,如果是纯生物性的需要,或一般的日常生活行为,那是经验;但假如这次吃饭富于个性特点,并从中引起深刻的感情激荡、或令人回味的沉思、或不可言说的诗意等,或者如别林斯基所说小说家"可以描写一次他(指小说主人公)吃饭的情形,假如这一餐对他发生了影响,或者在这一餐可以看到某个时代某个民族吃饭特点的话"[①],那么这种情况下的"吃饭"就是体验了。更进一步说,经验一般是一种前科学的认识,它指向的是准真理的世界(当然这还是常识、知识,即前科学的真理);而体验则是一种价值性的认识和领悟,它要求"以身体之,以心验之",它指向的是价值世界。换言之,体验与深刻的意义相连,它是

---

① 《别林斯基论文学》,新文艺出版社,1958年版,第127页。

把自己置于价值世界中,去寻求、体味、创造生活的意义和诗意。例如白居易的诗《观刈麦》:

> 田家少闲月,五月人倍忙。夜来南风起,小麦覆陇黄。
> 妇姑荷箪食,童稚携壶浆,相随饷田去,丁壮在南冈。
> 足蒸暑土气,背灼炎天光,力尽不知热,但惜夏日长。
> 复有贫妇人,抱子在其旁,右手秉遗穗,左臂悬敝筐。
> 听其相顾言,闻者为悲伤。家田输税尽,拾此充饥肠。
> 今我何功德,曾不事农桑,吏禄三百石,岁晏有余粮。
> 念此私自愧,尽日不能忘。

这首诗所写的内容与白居易的生活经验有关。诗中写了三件相关的事情:夏天农民收割麦子的艰辛,贫穷妇人因饥饿而悲伤的诉说,诗人自叹愧疚。本来所写的不过是经验,即所见所闻所感,但诗的成功却不在写出了经验上,而在于作者在经验的基础上有了深刻的体验。例如,作者对农民夏日劳动的艰辛充满同情与感动,作者体会出"力尽不知热,但惜夏日长"的景况,这就含有不同寻常的个性化的体验,属于诗人个体心灵的闪光了。尤其是对贫穷妇人的特写镜头式的描写,突出了收成之日就是她们饥饿之时,这都是租和税太重之故。这里诗的深刻的揭露意义就很明显了。最后作为官员的白居易自愧的感叹,也表达了诗人的同情心。这样,这首诗的真正基础,就不仅仅是一般的经验,而且是作者的体验了。可以说,《观刈麦》是白居易的个体体验的结晶。

总起来说,体验与经验是有密切联系的,经验是体验的基础,没有经验,或没有起码的可供想象发挥的经验,谈不上体验。但体验则是对经验的意义和诗意的发现与升华。科学与人的经验的关系更为密切,因为科学是知识的体系;文学则与人的体验有更密切的联系,因为文学是对人的生命、生活及其意义的叩问,是情感的领域,是价值的体系。这说明,有同样经验的人,为什么有的能写出文学作品来,而有的则完全不能写出文学作品,是因为前者在经验的基础上有体验,后者则停留在一般的经验上面,没有提升为具有诗意情感和深刻意义的体验。

(二)体验与文学

对于文学创作,鲁迅和毛泽东都十分重视"体察"、"体验"这个观念。鲁迅说:"日本的厨川白村(H. kuriyakawa)曾经提出过一个问题,说作家之所描写,必得是自己经验过的么？他自答道,不必,因为他能够体察。所以要写偷,他不必亲自去作贼,要写通奸,他不必亲自去私通。但我以为这是因为作家生长在旧社会里,熟悉旧社会的情形,看惯了旧社会的缘故,所以他能够体察……所以革命文学家,至少是与革命共同着生命,或深切地感受着革命的脉搏的。"①在这里鲁迅所说的"体察"和"深切地感受",可以不是直接做的事情,但却因为生长在旧社会,熟悉旧社会的情形,所以也可以是某种经验(如

---

① 鲁迅:《上海文艺之一瞥》,《鲁迅全集》第 4 卷,人民文学出版社,1959 年版,第 237 页。

所见所闻所感)的提升,与我们所讲的"体验"是很相似的。因为鲁迅谈到这种"体察"要与对象"共同着生命",要有"深切的感受"。毛泽东《在延安文艺座谈会的讲话》在号召作家到人民群众中去时强调要"观察、体验、研究、分析一切人",其中"体验"列在"观察"之后,"研究"、"分析"列在"体验"之前,说明"体验"是其中"承前启后"的关键之点,对文学创作来说是极为重要的。在理论传统深厚的德国,从1970年代起,"体验"(Erlebnis)成为与"经历"(Erleben)相区别的惯用词。德国现代哲学家加达默尔(Wahrheit und methode,1900—)曾对"体验"这个词及其意义的形成,作过溯源工作。他还说:"如果某个东西不仅被经历过,而且他的经历存在还获得一种使自身具有继续存在意义的特征,那么这种东西就属于体验。以这种方式成为体验的东西,在艺术表现里就获得了一种新的存在状况(Seinsstand)。"[①]这段话的意义不仅在于对经验和体验作了区别,而且说明了体验与艺术的密切关系。经验或者经历是直接性的,这种直接性的经验和经历,有许多被人淡忘了,因而没有什么"继续存在的意义"。例如,我们每天的吃喝拉撒,天天如此,它的意义是现时的,即满足了人的眼前的需要。但其中也会有些经验或经历因各种原因而持久存留于记忆深处,获得了"继续存在意义",这就是"体验"了。这种"体验"要是凝结在文学艺术中,那么就会获得深义和诗情,成为一种"新的存在状况"。例如,杜甫的诗《羌邨三首》:

---

① 汉斯—格奥尔格—加达默尔:《真理与方法》上卷,上海译文出版社,1999年版,第78页。

峥嵘赤云西,日脚下平地。柴门鸟雀噪,归客千里至。妻孥怪我在,惊定还拭泪。世乱遭飘荡,生还偶然遂! 邻人满墙头,感叹亦歔欷,夜阑更秉烛,相对如梦寐。(其一)

本来一个游子久别回家,是一个普通的经验。但是,由于杜甫是在安史之乱后,家人不知他的生死,为他日夜担忧的情况下突然回家,出现了一些意想不到的场面,如"妻孥怪我在,惊定还拭泪",如"夜阑更秉烛,相对如梦寐"等,这些场面由于它的独特性,使人久久不能忘怀,于是经验提升为刻骨铭心的体验,成为具有诗情画意的诗句。由此,我们可以说,从作者的角度看,文学是作家个体体验的凝结。

那么具体说来作家的体验有哪些特性呢?

1. 情感的诗意化

马克思说过,"人是社会存在物",人的本质是"社会关系的总和"。从这个意义上说,人的生命就不是纯生物性的存在。人的生命是与社会关系以及文化、历史紧密相关的,这样,个体的人的感觉、情感、想象、回忆、联想、欢乐、希望、憧憬以及失望、痛苦、无奈等内心活动,就必然与社会存在、社会关系分不开。所以人的体验首先面对的是社会存在、社会关系和文化历史。体验是具有社会性的。但是当个体的人去体验社会的时候,他不是被动消极地去反应,而是主体生命的全部投入,是人的生命的全部展开。正如马克思在《1844年经济学哲学手稿》中所讲的,人类的特性就是人的自由自觉的生命活动。人的自由自觉的生命活动,使一切对象物成为人的本质力量的展开。一个孩子向湖面投出一个石子,湖面上失去平静,漾起了一圈圈涟漪,他高兴地欣赏那涟漪,实际上是在欣赏自己的生命的力量。他是在对象世界中肯定自己,他在对象世界中确证自己生命的力量的存在。这个欣赏体验过程是把外在的世界包含在自身生命中,世界已经主体化、情感化。

文学是作家的个体体验,这种体验的第一个特征就是情感的诗意化。作家的经历中所遇到的某些人、事、景、物(对象),进入到他的情感领域,他与这些人、事、景、物共同着生命,在沉思中进行了诗意的"处理",并时时拨动他情感的琴弦,甚至幻化为种种形象。一旦作家动笔写这些人、事、景、物,那么所写的其实就是他自己的生命体验迸发出来的情感火花。

法国美学家米盖尔·杜夫海纳(Mikel Dufrenne)在论述艺术家体验时说:

> 梵·高(Van Gogh)画的椅子并不向我叙述椅子的故事,而是把梵·高的世界交付给予我:在这个世界中,激情即是色彩,色彩即是激情……它不是向我提出有关世界的一种真理,而是对我打开作为真理源泉的世界。因为这个世界对我来说首先不完全是一个知识的对象,而是一个令人赞叹和感激的对象。审美对象是有意义的,它就是一种意义,是第六种或第N种意义,因为这种意义,假如我专心于那个对象,我便立刻获得它,它的特点完全是精神性的,因为这是感觉的能力,感觉到的不是可见

物、可触物或可听物,而是情感物。①

杜夫海纳所强调的是在体验中对象内在于主体的心灵世界,尽管画的是椅子,但那已经不是画家生命之外的可见物、可触物或可听物,而是情感物。它不是知识的对象,而是情感的对象。这里说的绘画,其实在文学世界也一样,作家写的尽管是现实世界,可由于它处于作家个体的体验中,它已经属于诗意化的情感世界。例如,李白的《月下独酌》:

> 花间一壶酒,独酌无相亲。举杯邀明月,对影成三人。月既不解饮,影徒随我身。暂伴月将影,行乐须及春。我歌月徘徊,我舞影零乱。醒时同交欢,醉后各分散。永结无情游,相期邈云汉。

这首诗是由诗人的孤独体验而引起的。诗中的花、酒、月、月与人的关系等,都不是外在于诗人的客观景物,而是内在"情感物"。特别是用诗人的醉眼看出,就更属于他个人的体验中的诗情。

但是,为什么在体验中会发生对象的情感化和诗意化呢?这就与"移情"有关,即在体验中"物"与"我"的距离缩短乃至最后消失,进入"物我同一"的境界。自我仿佛移入到对象中,与对象融为一体。

---

① 米盖尔·杜夫海纳:《美学与哲学》,中国社会科学出版社,1985年版,第26页。

这就是中国古代哲人庄子所说的"身与物化":

> 昔者庄周梦为胡蝶,栩栩然胡蝶也,自喻适志与!不知周也。俄而觉,则蘧蘧然周也。不知周之梦为胡蝶与,胡蝶之梦为周与?周与胡蝶,则必有分矣。此之谓物化。①

这意思是说,从前庄周梦见自己变成蝴蝶,翩翩飞舞的蝴蝶,自由自在快意之极,根本不知道自己是庄周。忽然醒了,才知道自己分明就是庄周。这不知是庄周做梦化为蝴蝶,还是蝴蝶做梦化为庄周呢?庄周和蝴蝶一定是有分别的,这种转化就叫"物化"。这种忘情的体验,与西方美学上著名的"移情"论极为相似。"移情"就是把"我"的情感移置于物,使物也获得像人一样的生命与情趣。德国美学家、"移情"论的创立者里普斯(Theodor Lipps,1851—1914)说:

> 这种向我们周围的现实灌注生命的一切活动之所以发生而且能以独特的方式发生,都因为我们把亲身经历的东西,我们的力量感觉,我们的努力,起意志,主动或被动的感觉,移置到外在于我们的事物里面去,移置到在这种事物身上发生的或和它一起发生的事件里去。这种向内移置的活动使事物更接近我们,更亲切,因而显得更易理解。②

---

① 《庄子·齐物论》。
② 里普斯:《论移情作用》,见《西方美学史资料选编》下卷,上海人民出版社,1987年版,第841页。

里普斯说明了所谓"移情"就是我们把自己的情感移置到事物里去,其结果是使事物更接近我们,更亲切,更易于被我们理解。因为我们把自己沉没于事物,把自己也变成事物,那么事物也就像我们一样有情感。

文学创作中的体验,也应该是这种"移情"的体验。作家"使自己移居到对象里去,以那些对象的生活为生活"①。这样,当对象与"我"同一的时候,"我"就是那人物那景物,就能设身处地为笔下的人物、景物"着想",而描写出来的人物、景物也就有了诗意的情感,就像我们的朋友那样亲切和有情趣。例如李白的《独坐敬亭山》:

众鸟高飞尽,孤云独去闲。
相看两不厌,只有敬亭山。

在这首诗中,李白作为诗人的体验,是"移情"体验。他把自己的情感移置于"云"与"山",所以云会感到"闲",而那敬亭山,则会与他久久对视而不厌倦,景物情感化了。这不但表达李白孤寂、悠闲的情感,而且也把对象(云与山)写得具有情感,显得更逼真、更生动、更有情趣。不难看出,这首诗里的一切都属于"情感物"所构成的情感世界。这种移情作为一种诗意的表现,在许多诗词中都是常常出现的,例如宋代词人贺铸的《踏莎行》:

---

① 《别林斯基选集》第一卷,上海译文出版社,1979年版,第443—444页。

> 杨柳回塘,鸳鸯别浦,绿萍涨断莲舟路。断无蜂蝶慕幽香,红衣脱尽芳心苦。
>
> 返照迎潮,行云带雨,依依似与骚人语。当年不肯嫁春风,无端却被西风误。

这是一首咏莲花的词。作者主要是借对莲花的高洁的描写来寄托自己的怀才不遇之感,表现了中国古代知识分子空抱才智、不容于时的凄凉之情。这首词突出的表现就是"移情"。词人把自己的身世之感移到莲花身上,让莲花也像人一样带有感情,也像人一样会感叹怀才不遇,也有怨恨之情。

2. 意义的深刻化

与第一点相联系,由于体验直接指向人的生命,以生命为根基,它带有强烈的情感色彩。可以说,情感是体验的核心,但情感中又包含理解。体验总是从主体自己与命运、遭遇相联系,而且从自己在社会生活中体会到的文化情感积淀出发,去探问,去升华,去深化,所以体验在产生新的情感的同时,也产生深刻的意义。可以说,意义的深刻化是体验的又一特征。体验一方面具有直观性(感觉的形象的),另一方面又超越情感和形象,生成更深刻的意义世界。换句话说,体验不会停留在表面的印象上面,而且必然会在美学的哲学的沉思中进入意义的世界,甚至是深刻的意义世界。让我们举一个例子来说明,当一个生物学家,在他的实验室里侍弄着花时,他只是经验着花,他不会动什么情感,最终也不会有诗意情感上的收获和深刻意义上的收获。但是当列夫·托尔斯泰有一次看到牛蒡花而想起生命的意

义时,他就"体验"着花了。列夫·托尔斯泰是这样记载他的这次体验的:

> 昨日我在翻犁过的黑土休耕地上走着,放眼望去,但见连绵不断的黑土,看不见一根青草。啊!一兜鞑靼花(牛蒡)长在尘土飞扬的大道旁。它有三个枝丫:一枝被折断,上头吊着一朵沾满泥浆的小白花;另一枝也被折断,溅满污泥,断茎压在泥里;第三枝耷拉一旁,也因落满尘土而发黑,但它依旧顽强地活下去,叶枝间开了一朵小花,火红耀眼。我想起了哈吉·穆拉特。想写他。这朵小花捍卫自己的生命直到最后一息,孤零零地在这辽阔的田野上,好歹歹一个劲地捍卫了自己的生命。①

列夫·托尔斯泰如此细致地观察花,不是因为他要认知这朵花的客观属性,而是因为他发现了花与生命之间的内在联系;他的兴趣不是生物学的,而是美学的、哲学的。他对花倾注了自己的情感,发现花的顽强不屈,这样一来,他的体验也就超越了花本身,他的收获是关于他准备描写的一个坚强的人对生命意义的思考。在这个过程中,托尔斯泰从情感出发,并以新的意义生成作为结束。托尔斯泰的出发点是情感,他发现的是这朵小花的生命意义。当然,如果这次体验没有深义,那么这次体验也不能称为真正的体验。

---

① 列夫·托尔斯泰:《1896。日记》,见《列夫·托尔斯泰论创作》,漓江出版社,1982年版,第171页。

作家的体验为什么会生成深义呢？原因是多方面的，但其中最重要的是体验中含有一个"反刍"的阶段。"反刍"就是主体对体验的体验。体验者似乎把自己一分为二，一方面他是感觉者，他在感觉着对象，并在感觉中受到刺激，不能不产生反应，这个过程他是受动的；另一方面，他是被感觉者，他自己在受动中感觉到的一切，让另一个"自我"来重新感觉和感受，这一过程他是主动的，因为此时他是在体味和领悟。或者说，他是跳出去，与自己原有的带有功利性质的经验与印象保持距离，再次感觉自己的感觉，感受自己的感受，或者说把先前自己的感觉、感受拿出来"反刍"、"再度体验"。例如，你年轻的时候曾经有过一次失恋，痛苦得想自杀，这是一种体验。这个过程是受动的，不得已的。但是当你后来获得了美满的爱情，你享受着幸福，你把年轻时期失恋的体验拿出来"反刍"，重新体味，你也许就会从失恋的往事中领悟到一种深刻的意义，甚至想写一篇以失恋为题材的小说。这是一个主动的过程。西方美学上的"距离"论，就主张体验是一种拉开功利距离的体会。"距离"论的提出者瑞士心理学家布洛（Edward Bullough，1880—1934）提出了一个"雾海航行"的例子来说明，他说在大海航行中突然遇到大雾，这对大多数旅客来说都是极不愉快的经验，伴随着人们的是焦虑、恐惧和紧张等等。但是只要我们把眼前的、可能发生的危险等抛在一边，换一种客观的眼光来看这景象，周围的大雾迷迷蒙蒙，变成了半透明的乳状的帷幕，这不是很美吗？这里实际上是对已有的经验换了一个角度重新审视，即所谓在观照中"插入了距离"。布洛解释说：

距离的作用不是简单的而是相当复杂的。它有否定的抑制的一面——割断事物的实用的方面以及我们对待事物的实践态度,它还有积极的一面——精心制作在距离的抑制作用所创造的新的基础上的经验。因此,这种对事物持有距离的观看,不是也不可能是我们正常的观看。通常,经验总是把同一方面向着我们,即具有最强的时间的感染力的方面。一般情况下我们意识不到事物不直接不实际地触及到我们的那些方面,我们一般也意识不到同我们自己的接纳印象的自我相分离的印象。把事物颠倒过来,意外地观看通常未注意到的方面,这使我们得到一种启示,这就是艺术的启示。①

所谓"艺术的启示"也就是在换了一个视角之后,重新审视自己的体验,以便看到通常未注意的方面,即事物的深义和诗意的方面。

文学体验一般说也是"反刍"式的,而对体验的"反刍"往往是产生深义的必要条件。作者曾有过一段经历,当时并没有显示出诗情画意来。隔了若干年后,重新回忆这段经历,在回忆中体味和领悟,由于经历时的"功利"考虑都变淡了或消失了,那么经历的另一面的美学意义也显示出来了。例如曹雪芹不可能在他刚刚经历家庭变故的当时开始写《红楼梦》,必须是经过多少年后,家庭变故所遭受的损失所产生的种种利害考虑也早就搁置一边,于是在"经历一番梦幻之

---

① 布洛:《艺术距离——艺术与审美原理中的一个因素》,《西方美学史资料选编》下卷,上海人民出版社,1987年版,第1030页。

后","忽念及当日所有的女子,一一细考较去,觉其行止见识皆出我之上","细玩颇有趣味",这才决定将"真事隐去",借"假语村言""编述一集,以告天下"。① 所谓"经历一番梦幻",所谓"细考较去",就是对过去经验的"反刍"式的体验,所谓"颇有趣味"也就是发现了深义和诗意。

有人经常以为诗人写诗都是即兴式,是一瞬间的事情,哪里会有时间来"反刍"? 其实诗人的写诗活动确有两种,一种是所谓的"苦吟"派,一种是所谓的"冲口而出"派。"苦吟"派为修改一个字往往需要很长时间的推敲。"冲口而出"派写诗看起来是瞬间完成的,其实换一个角度看,诗人为了在某个时刻能够"冲口而出"已经准备了很长时间。这里所说的"准备",包括长期的修养,也包括艺术直觉的训练,还包括他对描写对象的熟悉和了解。如果没有这些准备,他要"冲口而出"也是不可能的。例如宋代的诗人苏轼,就是主张"冲口而出"的诗人。他的不少诗既有生动的形象,又有很深的理趣。如他的《饮湖上初晴后雨》:

水光潋滟晴方好,山意空濛雨亦奇。
欲把西湖比西子,淡妆浓抹总相宜。

苏轼在杭州当官,对西湖十分熟悉,并对古代美人的西施也十分了解,加上他对湖光变幻的体验,所以似乎不费什么思索,就能写出

---

① 见《红楼梦》第一回。

这首诗来。诗中的理趣也似乎在无意间流露出来。又如他的《题西林壁》：

> 横看成岭侧成峰，远近高低各不同。
> 不识庐山真面目，只缘身在此山中。

这也是一首广为传诵的诗。对苏轼来说，写这首诗也可能是片刻的事情。但可以肯定地说，这首诗的哲学意味来自他平日对庐山的观察和体验。没有对庐山特征的观察和体验绝对写不出这样的诗。

3. 感受的个性化

体验的再一个特征是感受的个性化。在日常的经验中，由于只是满足现时的一般需要，与自己的动机、兴趣、爱好、理想、信念、性格、气质、能力等无涉，所以一般只具有共性，而很少个性。例如在饥饿的情况下，人们要求吃饭，吃饱后生理上感到满足。这种感受是人人如此的，不论你年龄大小，不论你经历如何，也不论你动机、兴趣、理想、信念、性格、气质、能力等如何，反正饥饿了都要吃饭的，这是共性，这里很少个性的成分。但是在体验中，情况就不同了，因为体验的东西是难忘的，是情感的起伏激荡，是意义的深刻领悟，那么你体验中的感受必然受到你自己的出身、经历、动机、兴趣、爱好、理想、信念、性格、气质、能力等的"塑造"，而成为你个人的独特的感受。这样在体验中感受的个性就充分表现出来了。例如《红楼梦》第38、39回写大观园内的螃蟹宴，其实写的也是吃饭而已，但曹雪芹写出了不同人物在吃螃蟹后的不同体验所生成的不同感受。对于贾宝玉、林黛玉、薛宝钗等贵族公子小姐来说，他们的感受可能是美食节、狂欢节、诗歌节等，当然他们的感受也有细微的区别，这从他们各人所写的螃蟹诗可以看出。但是，作为一个贫穷农妇的刘老老的感受就另是一样，她仔细算了一笔账，说："这样螃蟹今年就值五分一斤，十斤五钱，五五二两五，三五一十五，再搭上酒菜，一共倒有二十多两。阿弥陀佛！这一顿的钱够我们庄稼人过一年的了。"那么刘老老的感受为什么会与那些公子小姐相差那么远呢？这主要是刘老老的出身、经历、动机、欲求、阶级地位等与那些公子小姐不同。正是不同的出身、经历、动机、欲求、阶级地位等形成的对生活的感受制约着他们的体验。

对于作家来说，个性化是非常重要的。因为个性化往往是艺术独创性的标志。俄国著名作家屠格涅夫说：

在有文学才能的人身上……不过我想在具有任何才能的人的身上也是如此，重要的是我敢称之为自己的声音的东西。是的，重要的是自己的声音。重要的是生动的、特殊的、自己本人的、在其他任何人的嗓音里找不到的音调……为了这样说和正好发出这个音，应当具备正是这样特殊的嗓子。①

屠格涅夫的话说得很好，作家的确需要发出"自己的声音"，需要

---

① 转引自《赫拉普钦科文学论文集》，人民文学出版社，1997年版，第138页。

个性化。按屠格涅夫的见解,这种个性化的东西来自作家的"才能",这个意见也不错。问题是这种能力从何而来,难道仅仅是天才的作用吗?实际上,这种能力主要还是来源于作家对生活的体验。在刻骨铭心的体验中,作家变得更敏锐了、更独特了,这样他们的感受也就具有个性特点,写作时也就自然会发出与别人"不同的声音"。例如两个作家面对同样一个相同或相似的情景,由于长期形成的体验类型不同,感受不同,结果描写就会显示出个性的差异。例如王维的诗句"行到水穷处,坐看云起时"(《终南别业》)与陆游的诗句"山重水复疑无路,柳暗花明又一村"(《游山西村》)所描写的情景和所含的意味是相似的,但这两个诗人发出的是具有个性的"不同的声音"。王维诗句的个性是随遇而安、自然而然、平淡之极。陆游诗句的个性是鲜明、用心、用力,给人心中以不平感。这根源于他们不同的修养:王维受禅家影响甚深,所以凡事听其自然;陆游生活于民族危亡之际,又深受儒家"兼济天下"思想影响,所以心中常有不平之气。这样他们的体验也就各异,随之对事物的感受也就各异,随之对相似景物的描写也就各异,个性也就在这差异中表露出来。

二、体验在文学活动中的美学功能

在上面的论述中,我们已经在很大程度上接触到体验对于文学的美学功能。下面将更进一步把这个问题概括化和具体化。王国维说:

> 诗人对宇宙人生，须入乎其内，又须出乎其外。入乎其内，故能写之。出乎其外，故能观之。入乎其内，故有生气。出乎其外，故有高致。①

可以说，王国维这段话高度概括了作家的体验在文学活动中的美学功能。因为作家的体验一方面要与对象共同着生命，这就是"入"，另一方面作家的体验又要求"反刍"，对体验进行自审，这就是"出"。那么这种"入"和"出"会产生什么美学效果呢？

（一）体验使艺术形象具有生气勃勃的活力

根据王国维的《人间词话》最初的手稿，在"入乎其内，故有生气"一句中，"生气"二字原为"生气勃勃"。意思是作家体验不同于站在对象的旁边，只是作为一个旁观者作外部的观察和描写，而是进入对象，物即是我，我即是物，物我同一。这样作家对描写的对象就有了极为真切的理解，简直就像理解自己一样地理解对象，那么作家笔下的艺术形象自然生气勃勃，就像活的一样。这就是我们上面说过的"移情"体验。许多作家都有这种体验，当自己的体验进入上面所说的"移情"境界的时候，主体与客体完全合一，自己分享着对象的生命，对象也分享着自己的生命，外在陌生之物就变为内在亲近温暖之物。例如，法国浪漫主义作家乔治·桑说：

---

① 王国维：《人间词话》。

我有时逃开自我,俨然变成一棵植物,我觉得自己是草,是飞鸟,是树顶,是云,是流水,是天地相接的那一条横线,觉得自己是这种颜色或是那种形体,瞬息万变,去来无碍。我时而走,时而飞,时而吸露。我向着太阳开花,或栖在叶背安眠。天鹅飞举时我也飞举,蜥蜴跳跃时我也跳跃,萤火和星光闪耀时我也闪耀。总而言之,我所栖息的天地仿佛是由我自己伸张出来的。①

乔治·桑作为浪漫主义作家,笔下的人物、景物十分生动、活泼,生气灌注,这是与她写作时的这种投入式的生命体验密切相关的。体验的"物我同一"境界,使作家似乎进入对象的生命内部,从而能够把握对象的活动轨迹和生命血脉,这才导致了文学中艺术形象的生气勃勃。在现实主义作家那里,这种情况也是同样存在的,如法国著名作家福楼拜谈到他写《包法利夫人》的经过:

写书时把自己完全忘去,创造什么人物就过什么人物的生活,真是一件快事。比如我今天同时是丈夫和妻子,是情人和他的姘头,我骑马在树林里游行,当着秋天的薄暮,满林都是黄叶,我觉得自己就是马,就是风,就是他俩的甜蜜的情话,就是使他们的填满情波的眼睛眯着的太阳。②

---

① 乔治·桑:《印象与回忆》,转引自《朱光潜美学文学论文选集》,湖南人民出版社,1980年版,第79页。
② 转引自《朱光潜美学文学论文选集》,湖南人民出版社,1980年版,第80页。

福楼拜被认为是现实主义大师,他的描写是客观的、冷静的。但为了使自己作品中的形象真切动人,具有生命的活力,他在进行写作体验时仍然必须进入"物我同一"的境界,为人物和景物"设身处地",充分领悟人物和景物的生命,这样他才能在客观的描写中不失活泼泼的生气。由此可见,作家体验的美学功能之一是使自己描写的艺术形象具有生气勃勃的打动人的力量。

(二)体验使艺术形象具有诗意的超越

根据王国维的《人间词话》的最初原稿,"出乎其外,故有高致"的"高致"二字原为"元著超超"。意思是当作家的体验达到"出乎其外"的境界时,所写事物的根本的性质就会显著地凸现出来,放射出诗意情感的光辉。作家的体验可以说是一个"悖论",一方面它要"入",可另一方面它又要"出"。"出"就是在体验时的超越。超越可以有好几层意思:

第一层意思是获得对对象本身的超越。作家的描写不受对象本身形体、姿态和颜色等物理性的束缚,而能见出事物的物理性以外的美学意义来。这也就是说作家写的是平凡的事物,却能放射出不平凡的光辉。作家所写的是司空见惯的事物,却能放射出特异的诗性光辉。清代文论家叶燮说:

凡物之美者,盈天地间皆是也,然必待人的神明才慧而见。①

就是说美是到处都有的,问题在于发现。那么什么人能发现呢?叶燮认为有"神明才慧"的人才能发现。实际上"神明才慧"也可以理解为人的一种精神状态,那就是当作家处于体验的超越状态时,人的神明才慧也就显露出来,也就有可能从平凡的事物中发现意义和诗美。的确,人的精神可以处于不同的状态中,当人们处于麻木的状态中时,就是有靓丽的美,也会熟视无睹。相反,一旦人们进入到体验的状态,那么平日很不起眼的事情也会闪现出诗意的火花。关于这一点,英国浪漫主义诗人柯勒律治说过一段很精彩的话:

> 给日常的事物以新奇的魅力,通过唤起人们对习惯的麻木性的注意,引导他去观察眼前世界的美丽和惊人的事物,以激起一种美的超自然的感觉;世界本来是一个取之不尽,用之不竭的财富,可是由于太熟悉和自私的牵挂的翳蔽,我们视若无睹,听若罔闻,虽有心灵,却对它既不感觉,也不理解。②

这里所讲的就是人们如何从一般的观察转到体验的境界中的问题,在一般的经验性的观察中,人们的习惯性的麻木占了上风,就是对最美的对象也只能视若无睹、听若罔闻,对美的事物既不感觉也不

---

① 叶燮:《原诗·外篇》。
② 《十九世纪英国诗人论诗》,人民文学出版社,1984年版,第63页。

理解。只有当人们转到体验的状态,那种超越的感觉才会被唤醒,于是获得一种"内视点",不是用常人的眼睛去"看",而是用心灵去"看",这样人们就"能从惯常的平凡的事物中见出引人入胜的一个侧面"(歌德),日常的世界中将分离出意义的世界、情感的世界,也就是诗意的世界。例如树木是我们经常看到的,它是一种普通物,只有被体验所掌握时,才会出现超越普通物而变成具有诗性意义的审美物,请读下面中国当代诗人曾卓题为《悬崖边的树》的诗:

> 不知道是什么奇异的风
> 将一棵树吹到了那边
> 平原的尽头
> 临近深谷的悬崖上
>
> 它倾听远处森林的喧哗
> 和深谷中小溪的歌唱
> 它孤独地站在那里
> 显得寂寞又倔强
>
> 它的弯曲的身体
> 留下了风的形状
> 它似乎即将倾跌进深谷里
> 却又像是要展翅飞翔

这首诗中的树,还保留了我们所熟悉的树的身姿,但它已经不是"木本植物",它大大地超越了树这种对象,它是一种孤独而又倔强的人的象征,可"孤独而又倔强"这个短语又不足以完全概括它。它有极为丰富的审美内涵,它的诗意不是几句话能说尽的。诗人之所以能从一颗普通的树里见出一种精神力量、一种人生、一种生活,就是因为诗人的体验具有诗性的超越性。换句话说,诗人的独特的诗性体验导致了对树的审美发现。

第二层意思是获得"童心",对传统的陈规旧习和既定成见实现超越。明代学者李贽曾提出"童心"说,强调诗人应该用"赤子之心"去感受世界。他说:

> 夫童心者,真心也。若以童心为不可,是以真心为不可。夫童心者,绝假纯真,最初一念之本心也。若失却童心,便失却真心;失却真心,便失却真人。人而非真,全不复有初也。①

李贽为什么要提出"童心说",作家为什么要有"最初一念之本心"呢?这是因为,人由儿童到成人的过程,是一个不断地学习"道理"、增加"闻见"的过程,这种"道理"和"闻见"在一般的情况下,是整个社会多数人遵从的东西,是一种没有个性特点和诗性精神的常规常法常理,甚至可以说是一种"人云亦云"的东西。但又是一个必然的过程,人人都要变成成人,适应社会,这样才能被社会和团体所接

---

① 李贽:《童心说》。

纳。然而随着岁月的增长，儿童变为成人，那么他们所积累的"闻见"、"道理"越多，其童心的丧失也就越多。所以对于作为成人的作家、艺术家来说，要保持"童心"、"最初一念之本心"是不容易的。毕加索晚年已经蜚声世界，有一次他去参观一个画展，他出人意料地说："我和他们一样大时，就能画得和拉斐尔一样，但是我要学会像他们（指儿童）这样画，却花去了我一生的时间。"①我们如果认真分析毕加索画的风格的话，就会觉得他这样说完全是真诚的，因为他的确画得像儿童的画一样天真和富于想象力。另一位著名画家柯罗也说过相似的话："我每天向上帝祈祷，希望他使我变成个孩子，就是说，他可以使我像孩子那样不带任何偏见地去观察自然。"②柯罗这句话的意义在于说明，世界上伟大的艺术家总是要向自己身上累积起来的成见和偏见作斗争，以便能摆脱平庸的常识的眼光，用孩子般的率真而惊奇的眼睛去看世界。英国浪漫主义诗人渥兹渥斯在《彩虹》一诗里也直率地写道："儿童是成人的父亲"，因为儿童对一些司空见惯的事物也会有敏锐的感觉。但是，无论是李贽，还是这些画家诗人，都存在一个"悖论"，即画家、诗人都已经是成人，都已经被"道理"、"闻见"的熏染而社会化，他们如何能返回"童年"，重新获得"童心"呢？在这个问题上，美国当代人文主义心理学家马斯洛提出了"第二次天真"和"健康的儿童性"的概念。意思是说，对于已是成人的艺术家来说，"既是非常成熟的，同时又是非常孩子气的"③，这看起来是

---

①② 《西洋名画家论绘画技法》，人民美术出版社，1982年版，第73页。
③ 马斯洛：《存在心理探索》，云南人民出版社，1987年版，第87页。

对立的,但作家、艺术家的视角,就是这种双重的视角,他们一方面以成熟的、深刻的、理性的眼光看待生活,能够把生活的底蕴揭示出来,可另一方面又是以儿童般的、天真的、陌生的、非理性的眼光看待生活,充分地把生活的诗性光辉放射出来。而作家、艺术家这种双重视角的产生,在于作家、艺术家的审美体验的形成。正是在体验中,一种混合着成熟与天真、深刻与陌生、理性与感性的"健康的儿童性",能够成为作家、艺术家的独特的诗性精神,并以这种精神超越一切既成的偏见和成见,从而见出普通世界的令人惊奇的一面。

第五章 文学是语言的艺术

文学是作家个体体验的结晶,但这种体验是通过语言表达出来的,所以是语言的艺术。我们知道人类创造的艺术是多种多样的,其中比较重要的有如前文所说的表演艺术(如音乐和舞蹈)、造型艺术(如绘画和雕塑)、综合艺术(如戏剧和电影)和语言艺术。音乐以声音和旋律为媒介来塑造形象。舞蹈以人体的动作为媒介来塑造形象。绘画以线条和颜色为媒介来塑造形象。雕塑则以木头、石头等为媒介来塑造形象。戏剧、电影则综合运用了各种媒体来塑造形象。文学则是以语言为媒体来塑造形象。也可以说语言是文学作品的直接现实,没有语言和语言的结构也就没有文学。语言把我们的一切印象、感情、体验固定下来,语言是文学的基本材料和直接现实。

一、语言是文学的载体和对象

无论古今中外,一般都认为语言对文学来说是重要的。文学是语言的艺术,语言是文学的第一要素。一个不能按文学语言固有规律去运用语言的作家,或者在语言问题上没有自觉追求的作家,他们的事业是很难成功的。这些几乎是大家共同的看法。杜甫的"语不惊人死不休",所代表的是中国古代诗人对语言的看法。别林斯基说:"诗是艺术,是容纳真实思想和真实(不是虚假的)感觉的优美形式;因此,一个字、一个不正确的表现,常常会糟蹋整篇诗作,破坏印象的整体性。"[1]别林斯基是一位理性主义者,他基本上是作为古典美的拥戴者的代表说这番话的。"新批评"派的代表人物瑞恰慈则说:诗歌是"最全面的言语形式"。文学结构主义的代表人物之一的兹维旦·托多罗夫则提出了语言艺术符号的"自指"(Self Reflective)说,认为文学的基本特性就是"符号指向自己而不指向任何其他东西的能力"。[2] 瑞恰慈和托多罗夫则是科学主义者,他们是作为现代美的拥戴者的代表说这些话的。由此不难看出,从古典到现代,人们都非常重视语言在文学中的地位,但同时也表明他们对语言在文学中究竟占有什么地位又是各异其趣的。古典文论所持的是"载体"说,语言只是一种"形式"、"工具"、"媒介"、"载体",它的功能在于

---

[1] 《别林斯基论文学》,新文艺出版社,1958年版,第228页。
[2] 参见赵毅衡《新批评》,中国社会科学出版社,第24页。

表达生活的和情感的内容,内容有"优先权",形式则处于被内容决定的地位。现代西方文论的科学主义流派则认为,语言对文学来说是"本体",文学就是语言的建构,它自身指向自身。语言是文学存在的家园。过去的所谓内容,如生活、情感等则是文学的外界。这是两种完全不同的观念。

那么在文学语言观念上的这种转变是怎样发生的呢?

20世纪西方哲学和人文科学领域发生的一个重大事件就是所谓"语言论转向"。在西方,19世纪以前,占主导地位的是理性主义,理性制约一切,所以理性作为文学的内容也自然处于"统治"地位,语言被推到理性内容的"载体"地位也就可以理解了。20世纪初叶以来,由于资本主义的危机不断发生,特别是人的生存境遇恶化,人性残缺化,人们觉得过去崇拜的理性不太灵了。反理性的思潮导致所谓的"语言学转向"。人们不再追问语言背后的理性,而认为"语言是存在的家"(海德格尔),"想象一种语言意味着想象一种生活方式"(维特根斯坦)。语言不是单纯的媒介、手段、载体,它是存在本身。人是语言的动物。不是人说"话",而是"话"说人。语言显示人的存在状态,或者说语言是存在自身的显露。语言贫乏显示人的存在的贫乏。语言观上的这种变化,很自然地引起文学观念的变化。于是认为文学是一种语言,是一种特殊的语言构造,而不是什么对生活的认识和反映。从1920年代开始的俄国形式主义、三四十年代英美新批评和五六十年代法国结构主义以及符号论的文论,他们在文学语言观上可以说是一脉相承。他们认为作品中的语言就是文学的本体。什克洛夫斯基在其重要论文《艺术作为手法》中在反复强调文学语言的特异性之后说:"这样,我们就可以给诗歌下个定义,这是一种困难的、扭曲的话语。"①罗兰·巴尔特走得更远,他强调"语言和文学之间的一致性",认为"从结构的角度看,叙述作品具有句子的性质","叙述作品是一个大句子"。② 超过语言层就是文学的"外界"。这种语言论的文学观念有没有道理呢?应该说,是有一定道理的。我们似乎可以从"人"、"文化"和"艺术直觉"这三个视界来证明"语言论"的文学特性论有其理论基础。

(一)"语言论"的文学特性论的根据

首先是"人"的问题。人与动物的区别是不是与拥有语言符号密切相关呢?这一点似乎可以肯定。20世纪哲学界一个特异的现象就是从符号学的角度来研究人自身。其中最杰出的代表就是德国哲学家恩斯特·卡西尔。他在最后一部著作《人论》中考察了人之所以为人的根据。他得出结论说:

> 我们应当把人定义为符号动物来取代把人定义为理性的动物。只有这样,我们才能指明人的独特之处,也才能理解对人开放的新路。③

---

① 《俄苏形式主义文论选》,中国社会科学出版社,1989年版,第77页。
② 罗兰·巴尔特:《叙事作品结构分析导论》,《美学文艺学方法论》下,文化艺术出版社,1985年版,第535—536页。
③ 恩格斯特·卡西尔:《人论》,上海译文出版社,1985年版,第34页。

语言是人的最重要的一种符号,因此,在卡西尔看来语言也是区别人与动物,并指明人的独到之处的一个重要方面。这一点我们在前面也谈到了。动物的呼唤反应的叫声,至多只是一种信号,只具备简单的刺激反应的关系。它不是我们所理解的语言,因为它不具有"延迟模仿"和"移位"的认知机制,也不具备转换、开放的机制。因此,只有在人这里,才用具有认知、转换、开放机制的语言进行交往活动。人才是真正的符号动物、语言动物。人并非先有理性,然后再用语言去表达。人的理性和人的语言是同时共生的。正是在这个意义上,马克思写道:

> 语言和意识具有同样长久的历史;语言是一种实践,既为别人存在并仅仅因此也为我自己存在的、现实的意识。语言也和意识一样,只是由于需要,由于和他人交往的迫切需要才产生的。①

因此,语言从一开始就不是人类的不得已而用之的工具,人类的文明有赖于语言和其他符号,尽管我们不可以把人类的心灵和语言作用完全等同起来,但人类心灵的历程肯定是和语言的作用不能分离的。在人类的远古时代,我们的祖先的一种新的感叹,就可能传达一种新的意向。在现代,语言更是介入、切入生活的内部。生活中出现一个新词或新的词语组合,就表明对生活的一种新态度,或者是人

---

① 《马克思、恩格斯全集》第3卷,人民出版社,第34页。

们的一种旧的生活方式的结束,或者是一种新的生活的开始,或者显示某种生活正处在变动中。

其次,正如卡西尔所说,语言本身就是一种文化形态,从而能够规定人们思考的不同方式。因为人是必须用语言来思考问题的,语言不同,思考的方式自然不同。操英语的人和操汉语的人,不仅是用不同的工具,还拥有不同的文化和对事物的不同理解。英语 brother(兄弟),与汉语严格区别哥哥、弟弟很不相同,这里显示了东西方不同的文化传统的差异。因此在中国的传统中种种兄弟之间的关系的严格规定,对只拥有英语文化的人也就无法理解。又如"梅花"这种花和这个词,整个欧洲都没有,那么中国人十分熟悉的"松、竹、梅岁寒三友"的观念,欧洲人也不能理解。"狗改不了吃屎","老鼠过街,人人喊打","痛打落水狗"作为汉语文化产物的流行语,对我们来说是理所当然的。但你若在英美国家说这些话,英国人、美国人就会觉得中国人"太残忍"了,狗(他们心中的宠物)落水了已经够可怜的了,还要"痛打",这不是发疯了吗?所以他们既不能理解,也不能接受。追根到底这里显示出基督教文化与儒教文化的差异,是生命意识的根本不同。

再次,语言的"美学功能"与人们的艺术直觉具有同一性。语言具有"实用"和"美学"两种功能,实用功能强调语言是外衣,具有传达信息的作用。美学功能则强调语言自身具有生成新的意义的能力,认为语言、词、词的组接,不单是为了传达信息,它们还可能具有审美意义。例如,唐代岑参的诗《白雪歌送武判官归京》:

北风卷地白草折,
胡天八月即飞雪。
忽如一夜春风来,
千树万树梨花开。

在这头四句中,如用南方音读,那么"折"和"雪"都应该读急促的摩擦的入声,而后面的"来"和"开"则是流畅浩荡的平声。在这首诗中,由入声转入平声,象征着由封闭到开放,由寒冷局促的冬天到百花盛开的春天的转换。这里,词的这种先后安排本身就含有审美意义。这就是因为作者强调了语言的美学功能的缘故。平时作为传达手段而毫不起眼的语言突然开始强调自己的存在。这里需要特别指出的是,在文学作品中,作家为什么这样选择和安排词句,而不是那样选择和安排词句,这是因为言语的运用是与作家的艺术直觉同一的。他们运用这种言语,不是他们单纯摆弄某种技巧,乃是因为他们如词语这般感觉生活,语言与直觉完全一致。卡西尔在评论莎士比亚的剧作时认为,他笔下那些故事本身都是陈旧的大家都熟悉的,他接着说:

没有莎士比亚的语言,没有他的戏剧言词的力量,所有这一切仍然是十分平淡的。一首诗的内容不可能与它的形式——韵文、音调、韵律分离开来。这些形式成分并不是复写一个给予的直观的纯粹外在的技巧和手段,而是艺术直观的基本组成部分。①

显然,卡西尔的这个看法很精到,充分说明作家笔下的言语不是外在于感觉的,不是单纯的技巧,而是内在于人的感觉的。

上面三点可以说明,20世纪以来的语言论的文学观念,即把语言看成是文学的本体是有一定的道理的。但是我们说它有"一定的道理"并不是说它全对。"理性工具崇拜"是不对的,可"语言拜物教"也未必对。实际上,传统的语言"载体"说和现代的语言"本体"说,都有它们的片面性。我认为两者都不完全符合文学作品中语言的实际,因而也不能完全客观地正确地揭示语言在文学中的功能和地位。上述两种理论倾向,尽管在观点上截然对立,但在思想方法上的偏颇则是相同的。"载体"说没有看到文学作品中语言的特殊性,把文学语言与其他领域中的语言混为一谈。"本体"说则过分夸大了文学言语的特性,而没有看到文学言语与其他领域中的言语的共同性。

(二) 文学话语的"互义性"

我们认为,文学作品中的语言用俄国文学理论家巴赫金的话来说就是具有"全语体性"。所谓"全语体性"就是指各种语言体式在文学作品中实现了交汇,它既是为既定目的的交际和表达的手段,同时它又有了新质、新的维度,它本身就是被加工的对象,就是构筑成的

---

① 卡西尔:《人论》,上海译文出版社,第198页。

艺术形象。简括地说,文学作品中的语言既是手段又是对象。巴赫金说:

> 语言进入文学运用的领域。这个领域和语言在这一领域中的生活,原则上不同于任何言语生活领域(如科技、日常生活、公务等等)。这个领域的基本的和原则性特点何在呢?语言在这里不仅仅是为了一定的对象和目的所限定交际和表达的手段,它自身还是描写的对象和客体。……在文学作品中我们可以找到一切可能有的语言语体、言语语体、功能语体,社会的和职业的语言等等。……"全语体性"正是文学基本特性所使然。①

这里巴赫金似乎对俄国形式主义的文论有所吸收,也有所改造。这就是说,文学作品中的语言一方面仍然要传达一定的信息,因此语言的实用功能仍然在发挥作用,没有一篇作品不蕴含一定的审美信息,审美信息也是信息,那么传达这些信息仍然有必要把语言当成"载体"、"手段"和"工具",以便让读者能够无障碍地接受作品所传达的信息。但是文学言语之所以是文学言语,而不同于日常言语、科技言语、公务言语,就在于它本身的确又成为了对象和客体,语言的美学功能被提到主要的地位。作家作为主体加工这个那个,实际上都是把话语当成对象来加工。

---

① 巴赫金:《文学作品中的语言》,《巴赫金全集》第四卷,河北教育出版社,1998年版,第276页。

就文学作品的语言说,大体上可以分成两大类,一类是描写景物、人物、事件的言语,一类是人物的对话(包括独白)。前一类语言似乎以景物、人物和事件作为描写对象,但是正如巴赫金所说"描写性语言多数情况下趋向于成为被描写的语言,而来自作者的纯描写的语言也可能是没有的"①,这是很有见解的论断。作家似乎是用语言描写对象,风花雪月如何如何,阴晴圆缺如何如何,但其实他的描写性语言在不知不觉中成为他的艺术直觉和艺术个性的显露。因为在真正的作家那里,语言不是外在之物,他的语言与他的艺术直觉、艺术个性与描写性语言是同步的,结果给人的印象是作家的艺术直觉和个性掌握了词句,词句成为被掌握的对象或客体。例如杜甫的诗《船下夔州郭宿雨湿不得上岸别王十二判官》:

依沙宿舸船,石濑月涓涓。
风起春灯乱,江鸣夜雨悬。
晨钟云外湿,胜地石堂烟。
柔橹轻鸥外,含情觉汝贤。

这首诗写的是杜甫坐船到夔州,天晚了靠岸住宿。原想第二天早晨上岸,去拜访他的朋友王十二判官。但船一靠岸,就下起大雨来。杜甫忧心忡忡,担心受风雨的阻隔而上不了岸。果然,第二天仍

---

① 巴赫金:《文学作品中的语言》,《巴赫金全集》第四卷,河北教育出版社,第276页。

然阴云密布，杜甫只有在心中告别自己的朋友，继续自己的行程。在诗中有对月色的描写，有对风雨的描写，有对江水声音的描写，有对钟声的描写，有对鸥鸟的描写等等。杜甫是一位特别重友情的人，他忧心风雨大作影响他与朋友的会面，于是在他眼中，船上春灯的晃动被描写为"春灯乱"，"乱"既是写春灯晃动的样子，又写出了他的心情。夜间大雨被描写成"夜雨悬"，悬即挂的意思，雨怎么会"悬挂"在空中呢？这里既是写雨，也是写诗人的心情，在一个忧心人的眼中，那雨就像一根从天而降的绳子，永不隔断地悬挂在那里了。钟声如何会"湿"呢？这是从一位多情诗人的听觉那里所产生的变异，钟声从密布的阴云中传过来，似乎被云沾湿而有点喑哑。这些描写性的词语，如"乱"、"悬"、"湿"等，似乎不是诗人从语言中选择出来的，而是内在于诗人的艺术直觉和艺术个性，它们只是被显露出来而已。它们本身就是活生生的文学世界的有机组成部分，而不是单纯的"载体"。文学作品中语言的另一类就是人物对话。作品中的人物对话与现实生活中的人物对话是不同的。在现实生活中，人物的对话只是传达对话人的信息，哪怕这些话含有情态性质，也只是传达具有情态的信息而已。所以，现实生活中的话语一般而言，还只是信息的"载体"。但在文学作品中，人物对话也被当成了被加工的对象，经过这种艺术加工，人物的对话有丰富蕴含。它虽然有传达信息的一面，但又不止于传达信息。巴赫金曾这样分析托尔斯泰《复活》中的人物对话：

作品作为统一整体的背景。在这个背景上，人物的言语听起来完全不同于在现实的言语交际条件下独立存在的情形:在与其他言语、与作者言语的对比中,它获得了附加意义,在它那直接指物的因素上增加了新的、作者的声音(嘲讽、愤怒等等),就像周围语境的影子落在它的身上。例如,在法庭上宣读商人尸体的解剖记录(《复活》),它有速记式的准确,不夸张、不渲染、不事铺张,但却变得十分荒谬,听上去完全不同于现实的法庭上与其他法庭文书和记录一起宣读那样。这不是在法庭上,而是在小说中;在这里,这些记录和整个法庭都处在其他言语(主人公的内心独白等)的包围中,与它们相呼应。在各种声音、言语、语体的背景上,法庭验尸记录变成了记录的形象,它的特殊语体,也成了语体的形象。①

巴赫金的这些分析很精彩,揭示了文学作品中人物对话与现实生活中人物对话的不同,并深刻说明了这种不同是如何产生的。巴赫金洞见到文学作品中的"人物对话"不仅从自身获得意义,而且还从整篇作品的各种声音、言语、语体的背景上获得意义,并组成为语体形象。这一洞见极为重要。我们这里要对巴赫金做出补充的是,不仅作品中人物对话,而且日常生活的信息语言,一旦纳入到作品中,被作品的背景、特别是其中的语境所框定,就变成文学语言,那么它就不再是单纯的传达信息的"载体",而获得了丰富的审美的附加

---

① 巴赫金:《文学作品中的语言》,《巴赫金全集》第四卷,河北教育出版社,第283页。

意义,即语言蕴含。文学的语言蕴含有两重意思:第一,它的多义性。即在读者解读它的时候,不同时代不同文化背景和不同审美趣味的读者,可以有不同解读,出现多义或歧义。这一点比较好理解,不再赘述。第二,指作品中的全部话语处在同一大语境中,因此任何一个词、词语、句子、段落的意义,不但从它本身获得,同时还从前于它或后于它,即从本作品的全部话语中获得。我们可以把这一语言现象称为"互义性"。我们熟悉的"互文性"这个词,是说前后两句话的意义互见。我这里说的文学语言的"互义性"是说作品中个别语言意义,不仅从本身确定,还从其前后左右的语言联系中重新确定。

这一点,文学语言与普通语言是不同的。那就是普通语言是非"互义性"话语,而文学语言是"互义性"话语。在普通的日常语言中,由于指称是主要的,由词所组成的句子或句子群,其本身就是一个符号系统,指涉意义是被句子、句子群限定的。一般地说,它不必在整个谈话中再次确定意义。譬如,何先生刚从武汉出差回来,见面时,我问他:"武汉天气怎么样?一定比北京暖和多吧?"他回答说:"刚去那儿两三天,比北京热多啦,穿件毛衣就可以,可后来下起雨来,冷得要死。"在这问答中,无论是我的提问,还是他的回答,其指涉意义只能在这些句子中,或者说这些句子的意义,只从其自身就可完全获得。即或我们的谈话继续下去,何先生谈到以后几天在武汉的活动受天气影响而不能按原计划进行。前面的关于天气的对话与后面的对话有了某种因果关系,但也只是因果关系而已,并不是说前面的句子要从后设的句中获得新的表现意义。但在文学语言中,情况就不同了。文学语言在作品中是一个整体,而且主要功能是表现。尽管在叙事作品中,也用普通话语写成,但它是一种前设性和后设性的话语。这就是说句子、句子群的意义并不是限定于这个句子和句子群,它还从作品的整个语言系统中获得意义。譬如鲁迅的《故乡》开头关于天气和景物描写这段话:

> 我冒了严寒,回到相隔二千余里的,别了二十余年的故乡去。时候既然是深冬,渐近故乡时,天气又阴晦了,冷风吹进船舱中,呜呜地响,从篷隙向外一望,苍黄的天底下,远近横着几个萧索的荒村,没有一些活气。我禁不住悲凉起来了。

这段话的意义不限定于这段话自身,它的意义已远远超出了这段话,而属于作品的整个系统。即是说在这里关于天气的寒冷、阴晦和村庄的萧索的描写,是为"我"在故乡的种种令人失望、忧伤的遭际提供一种烘托。因此,这段话要从后设性的话语中才能获得充分的意义。在这里这段话跟后设语言的关系不是指称性的因果关系,而是一种氛围的标记和联系。这个标记和联系使人联想到另一种情境,而不是字面所传达的意义本身。著名诗人 T. S. 艾略特认为诗的"语言永远作微小变动,词永远并置于新的突兀的结合之中"。美国新批评理论家布鲁克斯在引用艾略特的上述论断后说:"科学的趋势必须是使其用语稳定,把它们冻结在严格的外延之中;诗人的趋势恰好相反,是破坏性的,他用的词不断地在互相修饰,从而互相破坏彼此的词典意义。"①不难看出,在日常话语中,由于它要求每一句都要准确传达一定的信息,强调词句的"字典意义",如三千里,二十年,一声,一双,这些词语都必须是实指的,它的意义只属于它自身,不属于其他系统。但在文学话语中,由于它是围绕一个文学事件而设置的,是一个完整的系统,"二十年"可以不是二十年,"三千里"可以不是三千里,"一声"也可以不是一声,"一双"也可以不是一双,如张祜的《宫词》:

故国三千里,深宫二十年;
一声何满子,双泪落君前。

在这里,三千里,二十年,一声,双,这些数量词的意义已不限定于自身,它们属于这首诗的艺术符号系统,因而"三千里"无非形容离家之远,"二十年"无非指入宫时间之长,"一声"在这里是"一唱起"的意思,"双泪"则是指"泪流不止"。究竟是多少里、多少年,是一声还是多声,是流了一双泪还是泪流不止,已不必坐实了,因为它们已属于诗的整体意义的领域了。

文学话语的互义性,使作家在创作时,每落一字一句,都不能不"瞻前顾后",力求自己笔下的句子能够属于作品的整体的符号系统。前句与后句之间,前句群与后句群之间,应能形成一种表现关系(即

---

① 克林思·布鲁克斯:《悖论语言》,《"新批评"文集》,中国社会科学出版社,第319页。

非指称关系、单纯因果关系等），或正面烘托，后反面衬托，或象征，或比喻，或反讽，或复义……使作品中的符号系统形成一种"表现链"。具有"表现链"的语言，才是真正有表现力的语言。

从上面我们的讨论中，我们似乎可以得出结论，文学语言在文学中是载体，但又不止是载体，它更重要的是文学的对象，文学赖以栖身的家园，文学的直接的现实。

二、文学语言的深层特征

那么，与普通语言相比文学语言有哪些特征呢？过去，学者们所强调的是文学语言的形象性、生动性、音乐性、含蓄性等，总的说还停留在对文学语言表层现象的描述上，只是揭示了文学语言的表层特征。也就是说，文学语言的深层规律并未揭示出来。我们将进一步探求文学语言的深层特征，尝试着揭示文学语言的根本规律。

（一）文学语言的内指性

文学活动是一种审美活动。因此，文学的真不等于自然的真。文学从本来的意义上说，并不是对一件真实事件或一个人物的真实叙述，它是作家创造出来的作用于人的知觉和情感的人类经验。"这种创造物从科学的立场和从生活实践立场上看，完全是一种幻觉。这种创造出来的幻象可以令人联想到真实的事件和真实的地方，就像历史性小说或是描写某一地区风貌的小说可以令人回忆往事一样。然而在大多数情况下，这种创造出来的幻象却是一种不受真实事件、地区、行为和人物的约束的自由创造物"。① 或者可以说,文学世界中发生的事件只是文学事件,不是生活中的真实事件。这样,普通生活中的客观世界和文学作品的艺术世界是不同的。艺术世界尽管最终来源于客观世界,但又完全不同于客观世界。文学世界作为一种幻象,它的逻辑另是一样。在文学世界中说得通的东西,在客观世界未必说得通。反之,在客观世界说得通的东西,在文学世界未必是合乎逻辑的。在这两个世界的叉道上,文学语言与日常语言也就分道扬镳了。虽然就语言系统看,文学语言与日常语言并没有什么不同。同一个词语,既可以在日常语言中运用,也可以在文学语言中运用,文学并没有一种独立的语言系统。但是由于上面我们所说的文学世界与日常世界所发生的事件的性质是不同的,所以文学语言与日常语言就有了根本的区别。正如巴赫金所认为的那样,日常的语言一旦进入小说,就发生"形变":

>它们(指文学语体等)在自身的构成过程中,把在直接言语交际的条件下形成的各种第一类体裁进入复杂体裁,在那里发生了形变,获得了特殊的性质:同真正的现实和真实的他人表述失去了直接的关系。例如,日常生活中的对话或书信,进入长篇小说中以后,只是在小说的内容层面上还保留着自己的形式和日常生活的意义,只能是通过整部长篇小说,才进入到真正的现

---

① 苏珊·朗格:《艺术问题》,中国社会科学出版社,1983年版,第145页。

实中去,即作为文学艺术现实的事件,而不是日常生活的事件。①

巴赫金想说明的是,日常的语言在进入文学作品后,它就属于文学现实事件的统辖,而与原本的现实的语言失去了直接的关系。这个看法是对的。可以这样说日常语言是外指性的,而文学语言是内指性的。日常语言指向语言符号以外的现实环境,因此它必须符合现实生活的逻辑,必须经得起客观生活的检验,也必须遵守各种形式逻辑的原则。譬如,如果你的一个朋友见面时问你:"你住在哪里?"你必须真实地回答说"我住在北京西长安街甲40号"之类的话,你不能回答说:"我住在天堂,我同时也住在地狱!"因为前者可以检验,而后者则无法验证。文学语言则是具有"内指性"的语言,它指向作品本身的世界,它不必符合现实生活的逻辑,而只需与作品艺术世界相衔接就可以了。例如,杜甫的诗句"感时花溅泪,恨别鸟惊心",这里的花和鸟,不是指自然界中的花和鸟,自然界中的花不会"溅泪",鸟也不会"惊心",这里的花和鸟属于杜甫的诗的世界,它在这诗的世界中合乎情感逻辑就可以了,不必经过动物学家去检验。杜甫的名句"露从今夜白,月是故乡明",明显地违反客观真实,月亮并非杜甫家乡的才明,但由于它不是"外指性"的,而是"内指性"的,因此在诗的世界里它不但说得通,而且深刻地表现了杜甫对故乡的情感的真实。

---

① 巴赫金:《言语体裁问题》,《巴赫金全集》第四卷,河北教育出版社,1998年版,第143页。

上面所引鲁迅的小说《故乡》的开头那段话,不必经过气象学家的查证,读者就乐于接受。因为它指向小说的内部世界而不指向实际的外部世界。实际的外部世界,即鲁迅回故乡那一天,是不是深冬时节,天气是否阴晦等是无关紧要的,只要这段话与下面所描写的生活有诗意的联系就可以了。列夫·托尔斯泰的《安娜·卡列尼娜》的开头,"幸福的家庭都是相似的,不幸的家庭各有各的不幸"。这句话也是指向托尔斯泰构筑的小说世界,因而也不必经过科学论证。只要它能与上下文连接得上,能够成为作品内在世界的一部分,读者就可以不必追究它的正确、科学的程度。概而言之,文学语言的"内指性"特征,只要求它符合作品的艺术世界的诗意逻辑,而不必要经过客观生活的验证。从这个意义上说文学作品中的语言是"自主符号",是有一定道理的。"内指性"是文学语言的总体特征,它表明了文学言语可以不受客观事件的约束,只管营造文学自身的世界。

(二) 文学语言的本初性

如前所述,文学是作家体验的结晶。因此文学语言与人的体验应该是一致的,两者不能疏离。文学语言是一种更贴近人的心灵、人的审美体验的语言,一种带着生命本初的新鲜汁液的语言,一种与人的审美体验完全合拍的语言。那么有没有这样一种语言呢?先让我们来听一听语言学家的意见,然后再来看看作家们在创作中的探讨和实践。

前苏联一些著名的语言学家提出了一种称之为"内部言语"的概念。A.P.鲁利亚认为,言语的产生经由内心意蕴的发动到外部言语

的实现的基本过程,这个过程可分为四个阶段:

(1) 起始于某种表达或交流的动机、欲望,总的意向;(动机)

(2) 出现一种词汇较为稀少,句法关系较为松散、结构残缺但都粘附着丰富心理表现,充满生命活力的内部言语;(内部言语)

(3) 形成深层句法结构;(深层句法)

(4) 扩展为以表层句法结构为基础的外部言语。① (外部语言)

鲁利亚认为,"内部言语"是主观心理意蕴与外部言语表现之间一个十分重要的中间环节,它具有这样两个特点:

(1) 功能上的述谓性。即内部言语总是与言语者的欲望、需求、动作、行为、知觉、情绪的表达密切相关,动词、形容词占较大的比例。

(2) 形态上的凝缩性。没有完整的语法形态,缺少应有的关连词,只有一些按顺序堆置起来的中心词语,所含意蕴是密集的。

---

① 参见 A.P.鲁利亚《神经语言学的主要问题》(1975),见《国外语言学》1983 年第 2 期。

由此不难看出,这种"内部言语"与人的欲望、情绪更贴近,与人的难于言说的审美体验更相对应。作家若是把这种中间性的"内部言语"直截了当地倾吐于稿纸上,那就可以以本初形态的语言去表现自己的欲望、情绪和种种审美体验,填平言语与审美体验之间因疏离而形成的峡谷。

我认为鲁利亚所说的"内部言语",是作家在语言追求上一个正确的选择。其中的道理是我们在日常生活中就可体会到的。譬如,某作家善言谈,谈起话来尽管不尽合乎语法规范,可风趣横生,既鲜明,又生动,有时把他的的心内难于言传的隐秘情感也能讲得痛快淋漓。可你再去读他的作品吧,你发现他的文字都十分合乎规范,只是那风趣、那生动、那个性、那痛快淋漓,统统没有了,读到的是一些正确的、平顺的、清楚明白的句子,那平日口语中带着鲜活生命汁液的语言消失了。这是怎么回事呢?这就是他的日常口语是"内部言语",他随口说出的,和他的心脏、脉搏一起跳动,和他的呼吸取同一节奏,所以特别贴近他的心灵与个性,特别地有味儿。可他一写作,把口语变成书面语,实际上是从"内部言语"过渡到"外部言语"了。这种"外部言语"当然是经过刻意修饰过的、加工过的,它的确更合乎逻辑、合乎语法,有更多的理性,但"内部言语"那种贴近心灵与个性、贴近审美体验的特性,即那种生动性、趣味性、感染性等,也就随之而消失殆尽。从这个意义上说,法国诗人瓦莱里把"修辞学"分成两种,一种叫"延续修辞学",一种叫"瞬间修辞学",也许有道理。因为"延续修辞学"属于"外部言语",而"瞬间修辞学"属于"内部言语",是无意识层面瞬间形成的、不加修饰的,却更富有创造性。我们古人也懂

这个道理,宋代文学家苏轼作诗讲究"冲口而出",他说:

> 好诗冲口谁能择,俗子疑人未遣闻。①

> 此数十纸皆文忠公冲口而出,纵手而成,初不加意者也。其文采字画皆有自然绝人之姿,信天下之奇迹也。②

所谓"冲口而出,纵手而成",也就是截获"内部言语",不加修饰,直接倾吐,结果所得到的"自然绝人之姿"。实际上,不少作家就是尝试着用这种"内部言语"写作的。譬如,法国作家司汤达就喜欢用不加修饰的"内部言语"写作。巴尔扎克对他的小说《帕马修道院》曾大加赞赏,但对他的小说话语表示不满。巴尔扎克批评司汤达在"文法"上有错误,说:"一时动词的时间不相符,有时候又没有动词;一时尽是一些虚字,令读者感到疲倦,情形就像坐在了一辆车身没有搁好的马车,在法兰西的大路上奔波。""他的长句造的不好,短句也欠圆润。"司汤达在回答巴尔扎克的批评时说:"至于词句的美丽,以及词句的圆润、和谐,我经常认为是一个缺点。就像绘画一样,一八四〇年的油画,将在一八八〇年成了滑稽东西;我想,一八四〇年的光滑、流畅而空洞的风格,到了一八八〇年,将十分龙钟,就像如瓦杜尔的书信在今天一样。"他继续说:"口授《修道院》的时候,我想,就照草样付印

---

① 苏轼:《腊日游孤山访惠勤、惠思二僧》。
② 苏轼:《题刘景文欧公帖》。

罢,这样我就更真实、更自然、更配在一八八〇年为人悦读,到那时候,社会不再遍地都是俗不堪耐的暴发户了,他们特别重视来历不明的贵人,正因为自己出身微贱。"①司汤达这里所说的那种"更真实、更自然、更配在一八八〇年为人悦读"的"照草样付印"的语言,实际上就是那种更贴近心灵本初、更贴近深度体验的"内部言语"。列夫·托尔斯泰的小说语言,也具有"内部言语"的特色。这一点作为文学评论家的卢那察尔斯基敏锐地觉察到了。他说:"当你读托尔斯泰的时候,你会觉得他只是个粗通文墨的人。他很有些笨拙的词句。最近莫斯科一位教授说:《复活》开头一句根本不通,如果一个学生交来这么一页作文,任何俄语教师都会给他打上个'二减'。怎么会这样的呢?托尔斯泰把他所有的作品重写过五遍到七遍,作了无穷无尽的修改,这一切都经他酝酿过,可是出人意外,竟然写得这样不完善!这决不是偶然的。托尔斯泰本人情愿让他的句子别扭,而惟恐它华丽和平顺,因为他认为这是不严肃。一个人谈论一件很重要的事情却并不激动,只是关心如何使他的声音悦耳,使一切显得精美流利,他就得不到任何人的信赖。在这种情况下看不见诚意,你会相信这个人给你讲的确实是他对很重要的事情的看法么?托尔斯泰希望在他代表自己所说的一切中、在他作为一个作者所说的一切中都能达到天然无饰和最大的朴素。他譬如讲对屠格涅夫的文体、柯罗连科的文体有过许多论述。他们是杰出的文体家,但是他在某些方面

---

① 巴尔扎克:《拜耳先生研究》,《巴尔扎克论文选》,新文艺出版社,1958年版,第198—199页。

对他们有所指责。他认为他们的词句过于优美,他们的风格过于典雅,加的糖分过多,而糖分似乎是应该叫读者感到愉快的。"①卢那察尔斯基认为,"托尔斯泰的朴素是最高的朴素,是克服了一切矫饰的人的朴素,他丢开了任何的有色眼镜,因为他不再需要它,他是那样一个巨匠,他能够如实表现事物。"②这里,卢那察尔斯基所说的"句子别扭"、"天然无饰"、"最高朴素"却不够优美,甚至像小学生的作文的话语,却是能"如实表现事物",而且最贴近人的情绪、情感的言语,这无疑也是一种"内部言语"。

"内部言语"究竟是什么样的?这里我想以郭沫若的《天狗》为例:

  我是一条天狗呀!
  我把月来吞了,
  我把日来吞了,
  我把一切的星球来吞了,
  我把全宇宙来吞了。
  我便是我了!

  我是月的光,
  我是日的光,

---

① 《卢那察尔斯基论文学》人民文学出版社,1978年版,第284—285页。
② 同上书,第284—285页。

我是一切星球的光,

我是 X 光线的光,

我是全宇宙底 Enexgy(能)的总量!

我飞奔,

我狂叫,

我燃烧。

我如烈火一样地燃烧!

我如大海一样地狂叫!

我如电气一样地飞跑!

我飞跑,

我飞跑,

我飞跑,

我剥我的皮,

我食我的肉,

我吸我的血,

我啮我的心肝,

我在我神经上飞跑,

我在我脊髓上飞跑,

我在我脑筋上飞跑。

我便是我呀!

我的我要爆了!

(1920年2月初作)

首先,这首诗所用的动词特别多,比例特别大,其中有些动词重复地出现,如"吞"用了四次,"是"连接用了6次,"飞跑"用的次数最多,共用了7次,其他动词如"飞奔"、"狂叫"、"燃烧"、"剥"、"食"、"啮"、"吸"、"爆"等,在诗中占有突出的地位,其意义与诗的情绪本身密切相关。这就说明这首诗的语言功能的"述谓性"特别强。诗以"我"作为行为、动作、情绪、欲望的主体,向四方八方发射"我"的动作,达到极为狂放和为所欲为的地步,而且这一切似乎不假思索、随口喷出,使人感到诗人落在纸上的不是词语,而且欲望、情绪本身。其次,诗的言语在语法上、逻辑上都不合规范,如"我便是我呀"、"我的我要爆了"、"我在我的神经上飞跑"、"我在我脊髓上飞跑"等等,都有语法、逻辑上的毛病,但这些话语让人获得鲜明的感受,并被人理解。关联词极少,但像"月"、"日"、"星球"、"宇宙"、"皮"、"肉"、"血""神经"、"脊髓"、"脑筋"这些系列名词与系列动词结合成中心词语,都按顺序排列,意蕴十分密集。这样就形成了这首诗言语形态的凝缩性特征。这首诗的言语完全是紧贴人的欲望、情感、意绪的,是不假思索就落在纸面上的,保持了语言的本初性特点,从而更深地传达了诗人的体验。郭沫若在写此诗前十来天曾说过如下的话:"诗的波澜,有它自然的周期、振幅(Rhythm);不容你写诗的人有一毫的造作,一刹那的犹豫,正如歌德所说的连摆正纸位置的时间也没有。"①这可以说是对《天狗》一诗言语的诠释。说明此诗言语是一种没有"一刹那犹豫"就倾吐于纸上的"内部言语"。

与"内部言语"相比,"外部言语"是一种经过反复修饰润色的,语法、逻辑都完整规范的言语,但由于它只具有一般化、概括化的品格,而使世界的本相"变形",同时与人的欲望、情绪、情感更加疏离。倒是那种不假思索的、甚至缺乏完整语法和正常逻辑的"内部言语",所表现的才是世界的真正本相和人的深层的精神结构,保持了审美体验的本初面貌。因此,一般地说,具有本初性的"内部言语"更适合于文学创作。然而,如何"截获""内部言语",对作家来说,比运作"外语言语"可能更困难,因为它往往是可遇而不可求的。

(三)文学语言的陌生化

文学语言的"陌生化"命题,是俄国形式主义者什克洛夫斯基提出来的。如果把文学定义为一种扭曲的、陌生化的言语,这显然是片面的、不可取的。但如果把"陌生化"作为文学言语的一种深层特征,则包含了一种难得的真知灼见。

文学言语"陌生化"的思想可能早已有之。我国中唐时期就有一批诗人对诗歌语言有特别的追求,如韩愈、孟郊等,在主张"陈言务去"的同时,以"怪怪奇奇"的恣肆纷葩的语言为美,欣赏所谓的"盘硬

---

① 郭沫若:《论诗三札》,见《沫若文集》第 10 卷,人民文学出版社,1959 年版,第 205—106 页。

语"。又如19世纪初叶英国诗人渥兹渥斯也说:"我又认为最好是把自己进一步拘束起来,禁止使用许多的词句,虽然它们本身是很合适而且优美的,可是被劣等诗人愚蠢地滥用以后,使人十分讨厌,任何联想的艺术都无法压倒它们。"那么怎么办呢?诗人提出"使日常的东西在不平常的状态下呈现在心灵面前"①。这不仅指题材,而且也指语言。这说明语言"陌生化"问题前人已隐隐约约感觉到了,但作为学术观点正式提出来的,的确是俄国的学者什克洛夫斯基。

什克洛夫斯基在《艺术作为手法》这篇重要的论文中,把"陌生化"与"自动化"对立起来。他认为"自动化"的言语缺乏新鲜感。他说:"如果我们研究一下感觉的一般规律,我们就会看到,动作一旦成为习惯性的,就会变成自动的动作。这样,我们的所有的习惯就退到无意识和自动的环境里:有谁能够回忆起第一次拿笔时的感觉,或是第一次讲外语时的感觉,并且能够把这种感觉同一万次做同样的事情时的感觉作一比较,就一定会同意我们的看法。"②"自动化"的语言,(如"春天到了,雁南飞了,草转绿了,百花盛开了。"又如"那是一位青春年少、楚楚动人的姑娘。")由于我们反复使用,词语原有的新鲜感和表现力已耗损殆尽,已不可能引起我们的感觉。因此在"自动化"的语言里,"我们看不到事物,而是根据初步的特征识别事物。事物仿佛被包装起来从我们身边经过,我们根据它所占的位置知道它是存在的,不过我们只看到它的表面。在这样的感觉的影响下,事物

---

① 渥兹渥斯:《抒情歌谣集·序言》,见《十九世纪英国诗人论诗》,人民文学出版社,1984年版,第9、2页。
② 见《俄苏形式主义论选》,中国社会科学出版社,1989年版,第63页。

首先在作为感觉方面减弱了,随后在再现方面也减弱了"①。这样,什克洛夫斯基就提倡"陌生化"的言语作为文学的手法。他说:

> 为了恢复对生活的感觉,为了感觉到事物,为了使石头成为石头,存在着一种名为艺术的东西。艺术的目的是提供作为视觉而不同作为识别的事物的感觉;艺术的手法就是使事物陌生化(又译奇特化——引者)的手法,是使形式变得模糊、增加感觉的困难和时间的手法,因为艺术中的感觉行为本身就是目的,应该延长。②

根据我对什克洛夫斯基这一思想的理解,所谓"陌生化",就是在描写一个事物时,不用指称、识别的方法,而是用一种非指称、非识别的仿佛是第一次见到这事物而不得不进行描写的方法。什克洛夫斯基举了许多列夫·托尔斯泰的例子。他说:

> 列夫·托尔斯泰的作品中的陌生化的手法,就是他不直呼事物的名称,而是描绘事物,仿佛他第一次见到这种事物一样;他对待每一事件都仿佛是第一次发生的事件;而且他在描写事物时,不是使用一般用于这一事物各个部分的名称,而是借用描写其它事物相应部分所使用的词。③

---

① 《俄苏形式主义论选》,中国社会科学出版社,1989年版,第64页。
② 同上书,第65页。
③ 同上书,第66页。

什克洛夫斯基以列夫·托尔斯泰的小说《霍斯托密尔》为例,说明作家如何利用陌生化言语手法,把"所有权"的含义如何具体而新鲜地让我们感觉到。小说是假托一匹马来展开叙述的。下面这些话都是"马"对人的感觉和不理解:

> 他们谈到鞭笞和基督教的良心,这些我是很明白的,可是我完全弄不懂"自己的,他的驹子"这一类话的意思,我只是看出人们假定我和马夫头子之间有什么特殊关系。究竟是什么关系,我当时可实在弄不懂。直到过了好多时候,把我同其它的马分开养,我才明白它的意思。当时我说什么也不懂,把我说成一个人的私有物,究竟是什么意思。我觉得把我这样一匹活生生的马说成是"我的马"实在别扭,就像说"我的土地","我的空气","我的水"一样。

这篇小说按这匹马的眼光来描写"私有制"是怎么回事,在"马"的眼光里,马不能理解"我的马"、"我的土地"这类字眼。对人来说本来是平常的事情,可对马来说就弄不懂了,成为"陌生"的东西了,这样一写就把私有制的实质凸现出来了。

其实,这种非指称性、非识别性的描写在中国的小说中也屡见不鲜。如《红楼梦》第六回,写到刘姥姥一进荣国府,她来到王熙凤的厅堂等待王熙凤,在这里她第一次"遭遇"到"挂钟":

> 刘姥姥只听见咯当咯当的响声,很似打罗筛面一般,不免东

瞧西望的,忽见堂屋中柱子上挂着一个匣子,底下又坠着一个秤砣似的,却不住的乱晃,刘姥姥心中想着:"这是什么东西,有煞用处呢?"正发呆时,陡听得"当"的一声,又若金钟铜磬一般,倒吓得不住的展眼儿。接着一连又是八、九下,欲待问时,只见小丫头们一齐乱跑,说"奶奶下来了"。

刘姥姥因是平生第一次看到挂钟这种东西,叫不出来,只好用她在农村熟悉的事物来理解和描画,这既自然真实,又使平常之物让读者像浮雕般地感觉到,增添了神采与趣味,延长了审美感受时间。这种非指称性的陌生化言语的表现功能也就充分展现出来了。

莫言的小说《红高粱》中写"奶奶鲜嫩茂盛,水份充足",也无非是写奶奶"青春年少,楚楚动人",但作者采用非指称、非识别写法,把写植物的词语用到写人上面,就给人一种新的感觉和新的想象。何立伟小说《白色鸟》中的景物描写:"河堤上或红或黄野花开遍了,一盏盏如歌的灿烂!"也是非指称的陌生化写法,比"鲜花盛开,绚丽多姿"之类的识别性描写更新鲜、更富于诗情画意,使人拥有更多更新鲜的感觉和想象。

必须说明的是,陌生化言语手法是多种多样的,上述这种非指称性、非识别性的对事物原本形态的描写,只是陌生化之一种。正如什克洛夫斯基所说:"在艺术上,使事物摆脱感觉自动化是通过各种方面进行的。"[1]陌生化方法除上述这一种外,还有:

---

[1] 见《俄苏形式主义论选》,中国社会科学出版社,第66页

(1) 对普通百姓的口语的采用。在俄国,普希金是第一个这样做的人。他用同时代人的一些粗俗词语写诗,他利用这种手法吸引人的注意。在中国"五四"时代用白话文写诗,也是一个创举,也的确取得了陌生化效果。当第一首白话新诗诞生的时候,它既遭到了一些守旧人士的反对,但也得到革新派的欢呼。

(2) 对古语的适当和巧妙的采用。古语对古人来说是自动化的言语,可对今人来说则往往是陌生化的言语,只要运用得当,也可收到出人意料的效果。如陈世旭的小说,引了《论语》中的一些话,也别开生面。

(3) 对外语句法、词语的适当的巧妙的采用。这几乎是"五四"新文学的一种时髦的东西,现在这一招又重新抬头。彭继超的小说《昨天的太阳》,我很喜欢,写出了一代人对祖国、对事业的痴情。但他们也失去了许多最宝贵的东西。他的小说话语,句子都比较长,较多吸收西文文法,与我们平时说话不同。如小说中有这样的长句:"连营千里的帐篷川流不息的车队此起彼伏的歌声繁星万点的灯火特别是那比万钧雷霆还响的轰响和比一千个太阳还亮的光闪都使你终身难忘,使你终身难忘的还有她和他,一个泼辣得像小伙子的姑娘和一个腼腆得像姑娘的小伙子的朦胧的初恋。"这种欧化的长句,也能给人留下特殊的韵味和诗意,给人一种不同寻常的新的感受。

(4) 对方言土语的适当而巧妙的采用。方言土语属地域性很强的言语。方言对普通话来说就是一种偏离、超常、陌生化。许多作家都偏爱这条路,因为它能给人提供另一种新感觉新神韵。肖亦农的《红橄榄》通篇容纳了许多内蒙古河套地区的方言土语,不但使人物语言显得真切、动人,而且给人一种独特的韵调,唤起人一种新感受,真正使河套成为河套,使黄河成为黄河。有些话,我至今不明白其具体含义,但我能体会它。如"'我的神神!'水女子扎在我的怀中说,'好险'。""我的神神,咋还是个姑娘?""我的神神"对河套人可能不新鲜,可对我们来说,就是"新鲜"的、有味的,尽管其含义还不太清楚。

(5)对不规范言语的偏爱。这里所说的不规范,是指语言链中各个连接环节的有意的脱缺、混淆倒错、跳跃以及词语的超常搭配等,这种现象自古就有。例如杜甫,就是一位最喜颠倒语序的诗人。如他的《陪郑广文游何将军山林十首》第五首的句子:

绿垂风折笋,红绽雨肥梅。

正确的语序应是:

风折垂绿笋,雨肥绽红梅。

又如杜甫《小园》中的句子:

客病留因药,春深买为花。

正确的语序应是:

留药因客病,买花为春深。

再如杜甫的《秋兴八首》中的句子：

香稻啄余鹦鹉粒，碧梧栖老凤凰枝。

赵次公的解读是：

香稻(则)鹦鹉啄余(之)粒，碧梧(乃)凤凰栖老(之)枝。

沈括的解读则是：

鹦鹉啄余(之)香稻粒，凤凰栖老(于)碧梧枝。

鲁迅、老舍的小说中也有一些词语超常搭配。如鲁迅的《在酒楼上》："倒塌的亭子也还有一株山茶树……愤怒而且傲慢。"老舍的小说《赵子曰》中有"胡同里的路灯很羞涩而且虚心地不敢多照"，"什么也破碎，除了一只痰盂忍气吞声的立在礼堂的东南角"。

总的说，言语的陌生化是有表现力的，能够给我们带来新鲜的感受或加深我们的体验。正如英国学者特雷·伊格尔顿所说：

文学话语疏离或异化普通言语；然而，它在这样做的时候，却使我们能够更加充分和深入地占有经验。平时，我们呼吸于空气之中但却意识不到它的存在：像语言一样，它就是我们的活动环境。但是，如果空气突然变浓或受到污染，它就会迫使我们警惕自己的呼吸,结果可能是我们的生命体验的加强。①

当然,文学言语的"陌生化",也不应把语言弄得过分晦涩、难读,因为它的根本目的,不在阻拒读者,而是希望读者突破"阻拒","把对事物的通常感觉转移到新的感觉范围"(什克洛夫斯基)。

19世纪初德国语言学家威廉·洪堡德曾有一句名言:"语言是有限手段的无限运用。"当代美国语言学家乔姆斯基对这句话作如下解释:"一个人的语言知识是以某种方式体现在人脑这个有限的机体之中,因此语言知识就是一个由某种规则和原则构成的有限系统。但是,一个会说话的人都能讲出并理解他从来未听到过的句子以及和人们听到过的不十分相似的句子。而且,这种能力是无限的。"②这就是说,一方面,语言就其深层规则而言是有限的;而另一方面,我们对它的运用又是无限的。那么文学怎样利用这有限来达到无限,获得言说的自由呢?根本之点是要了解语言的内部规律,并运用到纯熟的地步。吴德旋说过这样的话:"章有章法,句有句法,字有字法,然到纯熟后,纵笔所如,无非法也。"作家们追求的就是基于对语言规律纯熟掌握的基础上的那种"纵笔所如"的"法外之法"。

---

① 特雷·伊格尔顿:《二十世纪文学理论》,陕西师范大学出版社,第5—6页。
② 《乔姆斯基语言理论介绍》,见《外语学刊》,黑龙江大学编辑,1982年版。

最后的话

本书讨论文学观念问题。首先,我们说明了文学观念是变化的、发展的,不是凝固不变的。其次,我们提出了本书的文学观念,认为文学是人类的一种文化活动,它是具有审美意识形态性的、凝结着个体体验的、并沟通人际情感的语言艺术。这是一个综合性的文学观念。从人性的大视野看,文学是人类的一种精神性的文化活动;从社会结构的观点看,文学是社会上层建筑中的审美意识形态;从作家创造的角度看,文学是作家个体体验的凝结;从文学与读者的角度看,文学是人际情感的交流;从文学作品本身的角度看,文学是一种独特的语言艺术。关于文学是一种文化形态,文学是一种审美意识形态,文学是作家个体体验的凝结,文学是语言的艺术,本书都列了专章加以讨论。文学与读者的关系,要另有专书作深入的研究。